竞争中立规则研究

国际比较与中国选择

应品广◎著

中国政法大学出版社

2020·北京

前 言

PREFACE

所谓"竞争中立",简单地说,就是要求国家在市场竞争问题上保持中立,不对特定的企业(特别是国有企业)存在优待或偏袒。竞争中立起先是作为一种"国内改革措施"出现的,由澳大利亚在 20 世纪 90 年代最早提出并付诸实施,目的是在一个主权国家内部化解国有企业因为所有制或国家的特殊对待而享有的不公平的竞争优势。进入 21 世纪以后,竞争中立日益演变为美国诘难发展中经济体(特别是中国)利用国有资本参与国际竞争从而享受不公平竞争优势的理论立足点,试图通过在国际层面架构一套具有约束力的竞争中立规则,对抗被其称之为"国家资本主义"的政府支持的竞争模式。不同于特定领域的市场开放或贸易、投资便利化措施,这样一套竞争中立规则一旦达成,对于中国经济的影响将是全面且深远的,甚至会直接动摇中国参与全球竞争和国际经贸规则治理的基础。因此,如何理解和应对竞争中立,已经成为国内理论界和实务界共同面临的重大课题。

国内围绕竞争中立已经有不少研究成果(参见参考文献)。这些研究主要聚焦在三个方面:第一,竞争中立作为国际贸易投资新规则的含义和特点;第二,美欧等发达经济体通过《跨太平洋伙伴关系协定》(TPP)、《跨大西洋贸易与投资伙伴协定》(TTIP)等区域贸易协定和《经济合作与发展组织》

（OECD）等国际组织倡导竞争中立规则的背景、原因及中国应对；第三，对中国竞争中立相关制度的解释以及对中国如何引入竞争中立展开初步探索。这些研究为国内认识美国推行竞争中立的意图以及竞争中立规则本身的内涵及其影响提供了大量素材，但是除少部分作者关注竞争中立的"法学"含义之外，大多数以国际经贸层面的分析为主，没有深入把握竞争中立规则的"法学"含义，而且较少重视美国以外其他竞争中立版本的存在及其与美国版本的竞争性，更少学者关注到中国在竞争中立方面的已有实践。此外，大多数学者给出的对策主要针对中国如何在国际层面应对美国的压力，而没有从中国自身的实践和需求出发提出系统的应对策略。

当前，我国已经到了社会经济转型发展的关键时期。在"全面建成小康社会"的总目标指引下，在"全面深化改革"和"全面推进依法治国"的积极实施推动下，需要进一步处理好政府与市场的关系，使市场在资源配置中起决定性作用，更好发挥政府作用。上述目标的实现，与包含竞争中立政策在内的竞争政策的完善及实施密切相关。系统研究国际层面的竞争中立规则，并结合中国实际构建中国版的"竞争中立政策"，已经刻不容缓。概而言之，本研究至少有以下意义：

第一，有助于深入推进经济体制改革，特别是国有企业改革。党的十八届三中全会公报指出，经济体制改革是全面深化改革的重点，核心问题是处理好政府和市场的关系。中央政府提出的"十三五"发展规划，目标也非常明确，要坚持以发展为第一要务，坚持以经济建设为中心，通过深化体制改革，促进发展方式转变，保证社会经济的持续发展。不论是深化改革还是处理好政府与市场的关系，都与国有企业改革密切相关。防止国企垄断和过度占用社会资源，也是中国国有企业改革的方向。竞争中立所体现的公平竞争的理念，以及符合中国国情的制度设计，不仅有助于更好地推进经济体制改革，更有助于推进国有企业的改革。

第二，有助于全面推进依法治国，特别是保障政府权力的正当行使。竞争中立与其说是针对国有企业，毋宁说是针对政府本身，即要求政府不因所有制而对特定类型的企业有所优待。全面推进依法治国，核心即确保政府依法正确履行职能，将权力关进制度的笼子。因此，合理的竞争中立制度设计，有助于健全政府内部决策机制，确保政府依法行政。

第三，有助于维护市场竞争秩序，特别是培育公平的竞争环境。竞争中立并不是排斥国有企业，只是要求公平竞争。合理的竞争中立制度设计，将与《中华人民共和国反垄断法》（以下简称《反垄断法》）、《中华人民共和国反不正当竞争法》（以下简称《反不正当竞争法》）、《国务院关于在市场体系建设中建立公平竞争审查制度的意见》（以下简称《意见》）等现有制度形成合力，助力放宽市场准入、加强事中事后监管、打破地区封锁和行业垄断、制止垄断行为和不正当竞争行为等方面，从而培育和维护公平的竞争环境。

第四，有助于实现创新驱动战略，推动科技创新。当前，我国经济发展进入新常态，需要从传统的要素驱动和投资驱动转向创新驱动。创新的原动力是公平竞争。只有打破制度的藩篱，为公平竞争创造制度条件，才能依靠“大众创业、万众创新”推动经济转型升级和实现经济可持续发展。在《国务院关于印发上海系统推进全面创新改革试验加快建设具有全球影响力科技创新中心方案的通知》中，提出“要围绕率先实现创新驱动发展转型，以推动科技创新为核心，以破除体制机制障碍为主攻方向，加快向具有全球影响力的科技创新中心进军”。方案本身也指出，"力争通过 3 年系统推进全面创新改革试验……在科技金融创新、人才引进、科技成果转化、知识产权、国资国企、开放创新等方面，取得一批重大创新改革成果，形成一批可复制可推广的创新改革经验"。可见，事关"国资国企"的竞争中立探索，本身就是科技创新中心建设的一部分，也是破除体制机制障碍的主攻方向之一。

第五，有助于我国竞争政策的完善，特别是推动我国"竞争中立政策"体系的建立。在现代市场经济条件下，在政府调节经济运行采取的各项政策中，竞争政策占有越来越重要的地位。从我国的《反垄断法》第一次提出"竞争政策"的概念，到此后《中共中央 国务院关于深化体制机制改革加快实施创新驱动发展战略的若干意见》和《中共中央 国务院关于推进价格机制改革的若干意见》等文件中相继提出"强化竞争政策和产业政策对创新的引导"，并明确"要逐步确立竞争政策的基础性地位"，竞争政策在我国的地位不断提升。但是，当前竞争政策的制度体系还有待进一步完善。除了竞争法律本身，针对"国资国企"的竞争中立政策、有关垄断行业改革的政策、公平竞争审查制度、竞争推进和竞争倡导机制等，都属于竞争政策的组成部分。因此，竞争中立制度的构建和完善，也有助于我国竞争政策的完善和逐步确立竞争政策的基础性地位。

第六，有助于我国积极主动参与国际经贸治理，特别是推动高标准经贸议题的谈判。不论是目前多边贸易体系的僵局，还是区域主义的相互竞争，都是围绕着"规则制定"展开的。各主要经济体都试图通过在多边或区域平台获得更多的规则制定权，在当今多极化的世界重塑国际经济治理结构，主导国际经贸治理。竞争中立就是其中一个可能引发全球经济治理结构重大变化的领域，甚至可以说是一个关键的领域。十八大以来，中国坚定不移奉行互利共赢的开放战略，本着"共商、共建、共享"的原则和理念，积极推动国际经济治理体系改革和创新，提升发展中国家的全球话语权，努力为促进世界经济增长和完善全球治理贡献中国智慧，取得了辉煌的成就。竞争中立的探索，将有助于中国从规则接受者向制定者转变，从被动参与者向主动塑造者转变，从外围协商者向核心决策者转变。

　　基于此，本研究从竞争中立的基本理论出发，在对比分析不同版本的竞争中立理念和制度的基础上，结合中国实际，探索中国在国内、国际两个层面回应竞争中立的对策。竞争中立并非只有一个版本，不同版本之间存在竞争的可能性。更为重要的是，竞争中立不仅是一种国际规则，更可以成为国内改革措施。中国可以基于自身实践构筑符合自身需求的竞争中立政策体系，并在国际层面倡导回归多边主义，避免区域主义的滥用。

目　录

第一章
竞争中立规则的理论基础

CHAPTER 1

本章内容提要： 重点梳理和总结国内外有关竞争中立的基本理论，厘清复杂理论的逻辑脉络，挖掘竞争中立理念及其制度的基本内涵，指出竞争中立理念及其制度的多元性和追求"实质公平"的重要性。

第一节 竞争中立的基本涵义

在国际经贸治理领域，国有企业问题越来越备受关注。突出表现在，在美国主导或参与的双边或区域贸易协定中，越来越多地纳入国有企业规则，试图对国有企业因为所有制或国家的特殊对待而享有的不公平的竞争优势进行约束。此外，包括OECD、联合国贸易和发展会议（UNCTAD）在内的国际组织，近年来也不断加强对国有企业规则的探索性研究，形成了一系列研究报告和指导性意见。不论是具有约束力的条约性规则，还是倡导性的"软法"规则，在国有企业问题上都指向了共同的理念——"竞争中立"。

"竞争中立"是指国家在市场竞争问题上保持中立，不对特定的企业（特别是国有企业）存在优待或偏袒。根据竞争中立的理念而构建的"竞争中立政策"，则是确保经营者不因所有制或与政府之间的联系而产生竞争优势的一系列制度工具。构建竞争中立政策的根本目的，在于消除不同企业（特别是国有企业与私营企业）之间不平等的资源分配机制，确保市场参与者在"公平的竞争环境"中展开竞争。对于竞争中立政策可以有狭义和广义两种理解：狭义上的竞争中立政策是一种"专门规则"的集合，主要指向国有企业本身，比如构建一套国内的竞争中立制度体系来确保不同所有制企业之间公平竞争（如澳大利亚的做法），或者如 TPP/CPTPP[1]等区域贸易协定中专门针对国有企业制定的规则；广义上的竞争中立政策则是一种"系列规则"的集合，泛指确保政府在市场竞争问题上保持中立的一系列制度措施，如竞争规则、贸易救济规则（包括反倾销、反补贴、保障措施等）以及其他市场监管规则的特定成分，这些均可视为竞争中立政策的组成部分。本书主要从狭义角度对竞争中立展开研究。这是因为狭义视角的竞争中立最能体现其"规则"的特殊性和重要性，但是由此产生的竞争中立的"理念"，会对广义视角下的竞争中立政策产生不可忽视的影响。

竞争中立的理念最早出现在 20 世纪 90 年代的澳大利亚。澳大利亚将竞争中立界定为"政府商业活动在与私营部门竞争时不得仅仅因为政府所有制而享有优势"。[2]可见，澳大利亚的竞争中立理念和制度从一开始就是针对本国的国有企业，目的是在国家内部化解国有企业享有的不公平竞争优势。

进入 21 世纪以后，随着全球化竞争的加剧，国有企业与私营企业之间竞争的"公平性"问题开始进入国际视野，许多国际组织开始研究如何推广"竞争中立"的理念，倡导全球范围内不同形式的企业之间的公平竞争。比如，OECD 是这方面最有

---

〔1〕 CPTPP，一般指全面与进步跨太平洋伙伴关系协定。

〔2〕 See Commonwealth of Australia, "Commonwealth Competitive Neutrality Guidelines for Managers", Printing division of CanPrint Communications Pty Ltd, 1998.（笔者译）

利的推动者，其将竞争中立界定为"经济市场中没有任何一个实体应该享有不正当的竞争优势或劣势"。[1]相比于澳大利亚，OECD 将竞争中立的概念更加泛化了。在其看来，任何享有不公平竞争优势或劣势的情形（不论是否是国有企业），都违背竞争中立的理念。

在美国主导的 TPP 和新版北美自由贸易协定《美墨加三国协定》（USMCA）中，更是将"国有企业"和"指定垄断"都纳入竞争中立的约束范畴。也就是说，美国不仅试图约束传统意义上的"国有企业"，即"政府享有所有权或控制权"的企业，也试图约束所谓的"指定垄断"，即除了国有企业以外，任何政府授予垄断权的私人垄断或政府垄断形式。相比于 OECD 倡导的市场主体之间的公平竞争，美国倡导的竞争中立还含有要求政府逐渐减少对国有企业的持股甚至最终实现终止控股的内容。[2]这种对国有企业的天然"仇视"，隐含了最终消除政府控制企业的潜在目标。

可见，竞争中立已经从单纯的国内改革措施演变为西方发达经济体（主要是美国）诘难发展中经济体（特别是中国）利用国有资本参与国际竞争从而享受不公平竞争优势的基本理论立足点，试图通过在国际层面架构一套具有约束力的竞争中立规则，对抗被他们称之为"国家资本主义"的政府支持的竞争模式。竞争中立理念和形式的这一演变，将对中国产生深远的影响。

---

〔1〕 See OECD, Competitive neutrality: national practices in partner and accession countries, http://www. oecd. org/officialdocuments/publicdisplaydocumentpdf/? cote＝DAF/CA/SOPP（2013）1/FINAL&docLanguage＝En, 最后访问时间：2019 年 12 月 23 日。（笔者译）

〔2〕 参见毛志远："美国 TPP 国企条款提案对投资国民待遇的减损"，载《国际经贸探索》2014 年第 1 期。

但是，也要认识到，虽然竞争中立理念是发达国家为完善公平竞争环境而提出的，但是对于绝大部分发展中国家和转型经济国家而言，该理念在克服国家干预经济的惯性和推进经济体制改革方面仍然具有积极意义。

因此，如何解释和应对这一问题，不仅影响我国在多边、区域以及双边经贸领域的谈判，也会对我国进一步深化经济体制改革和未来经济发展产生重大影响。

第二节　"国有企业"的界定

由于竞争中立直接指向国有企业，因此首先需要解释何为"国有企业"。实际上，在国内法和国际法层面，对于国有企业的解读是不一样的。因此，对于国有企业的界定，需要从国内和国际两个维度展开。

一、国内层面的"国有企业"

（一）我国"国有企业"概念的演变

在中国，国有企业的概念存在一个变化的过程。

在经济体制改革以前，没有"国有企业"的称谓，当时所有的企业都属于"国营企业"——国家享有所有权和经营权。

经济体制改革以后，出现了企业或个人承包、租赁国营企业，国有资本实现中外合资、合作与内资股份制经营的情况，"国营"的概念逐渐褪去，出现了"全民所有制企业"的称谓，并首次在1986年《中华人民共和国民法通则》（以下简称《民法通则》）中被确定。这标志着国家所有权与经营权的分离，也意味着国家作为资本所有者与行政管理者职能的分离。

随后，又在我国第一部关于企业的法律——1988年《中华人民共和国全民所有制工业企业法》——中提出了"全民所有制工业企业"的概念。该法第 2 条规定："全民所有制工业企业（以下简称企业）是依法自主经营、自负盈亏、独立核算的社会主义商品生产的经营单位。企业的财产属于全民所有，国家依照所有权和经营权分离的原则授予企业经营管理。企业对国家授予其经营管理的财产享有占有、使用和依法处分的权利。"这一定义明确了在"两权分离"的原则下，给予企业自主经营的权利。在所有权的权属上，明确企业的财产属于全民所有，这是和全民所有制企业概念相符合的，但是没有揭示出国家与企业在资本上的联系。

在 2003 年出台的《企业国有资产监督管理暂行条例》中，开始注重从资本关系上进行界定，第 3 条规定"企业国有资产，是指国家对企业各种形式的投资和投资所形成的权益，以及依法认定为国家所有的其他权益"。在所有权关系上，第 4 条规定"企业国有资产属于国家所有"。2004 年修订的《中华人民共和国公司法》（以下简称《公司法》）第 4 条第 3 款也规定："公司中的国有资产所有权属于国家。"但是在 2005 年修订《公司法》时，又将该款删除。

相比《企业国有资产监督管理暂行条例》和《公司法》（2004 年），《中华人民共和国企业国有资产法》（以下简称《企业国有资产法》）（2008 年）对国有企业的概念又做了修正。第一，创造了"国家出资企业"的新概念，替代了"国有企业"的概念。第 5 条规定："本法所称国家出资企业，是指国家出资的国有独资企业、国有独资公司，以及国有资本控股公司、国有资本参股公司。"第二，以"权益"所有代替了"资产"所有的概念。第 2 条规定："本法所称企业国有资产（以下称国有资产），是指国家对企业各种形式的出资所形成的权益。"企业国有资产，是一种权益，即出资或投资所形成的权益，指的是企业价值形态的资产。《企业国有资产法》表述的"各种形式出资"，包括货币、实物、知识产权、土地使用权；而《企业国有资产监督管理暂行条例》表述的"各种形式的投资"一般泛指投资总规模，其中既包括了出资人的出资，也包括了企业融资的资金。因此现在所称企业国有资产更明确了仅仅是国家出资所形成的权益。

《企业国有资产法》对于权益的最终所有者做了比之前的《企业国有资产监督管理暂行条例》和《公司法》（2004年）更为明确的认定，即"国有资产属于国家所有即全民所有"。这可以进一步引申认为国家出资所产生的任何收益，都应该完全归属于全体国民，由全体国民来分享。目前，这一点在现实当中并没有被落实，只有很少一部分通过国有企业的股份划转社保基金的方式体现收益归全民所有的意义。

有学者据此认为，在我国当前的法律体系中，并没有"国有企业"这一专门术语，更没有对何为"国有企业"作出过专门界定：截至2016年在北大法律信息网上，以"国有企业"为关键词搜索法规名称，搜到中央法规、司法解释284篇。其中，行政法规25篇，部门规章219篇、司法解释3篇。但是，这些法律规范都没有准确地解释国有企业的内涵。[1]

但是据笔者搜集，实际上存在诸多法律规范对"国有企业"作出了直接或间接的界定。综观目前相关法律规范就"国有企业"的认定，主要可分为以下几类：

1. 企业注册领域：仅限于国有全资企业（非公司制法人）

国家工商行政管理总局（已撤销）和国家统计局共同颁布

---

[1] 参见蒋大兴："超越国企改革的观念谬误"，载《中国法律评论》2016年第2期。

的《关于划分企业登记注册类型的规定》（国统字〔2011〕86号，以下简称《划分规定》）第3条规定："国有企业是指企业全部资产归国家所有，并按《中华人民共和国企业法人登记管理条例》（以下简称《企业法人登记管理条例》）规定登记注册的非公司制的经济组织。[1]不包括有限责任公司中的国有独资公司。"从中可以看出，这里的国有企业是狭义的概念，不包括公司制企业，这在客观上也成为国有公司和国有企业并称而非包含的规范基础。

概言之，这里所指的"国有企业"从企业组织形式上属于"非公司制法人"，依据《企业法人登记管理条例》登记，而《公司法》规范的是国有参股、控股的有限责任公司和股份有限公司，依据《公司登记管理条例》登记。"国有独资公司""国有企业"下属子公司如依照《公司法》设立，也属于公司制企业法人，按照前述规定，其在性质上也不符合登记管理部门对"国有企业"定义。因此，"国有独资公司""国有企业"下属子公司均不属于"国有企业"范畴。[2]

2. 刑事司法领域：限于国有全资企业、公司[3]

在刑事司法领域，目前的主流观点是：国有公司、企业仅

---

〔1〕《企业法人登记管理条例》第2条规定：具备法人条件的下列企业，应当依照本条例的规定办理企业法人登记：（一）全民所有制企业；（二）集体所有制企业；（三）联营企业；（四）在中华人民共和国境内设立的中外合资经营企业、中外合作经营企业和外资企业；（五）私营企业；（六）依法需要办理企业法人登记的其他企业。

〔2〕参见秦茂宪、李锐："国有企业担任 GP 问题分析"，http://www.360doc.com/content/16/0922/09/27229517_592697881.shtml，最后访问时间：2019 年 12 月23 日。

〔3〕参见刘秀芳："谈审计实践中'国有公司、企业'概念的把握"，http://www.360doc.com/content/13/1206/06/11809853_335026340.shtml，最后访问时间：2019 年 12 月 23 日。

指国有全资公司、企业，国有控股、参股经济实体均不包含在内。这一观点的依据是最高人民法院的司法解释。

2001年《最高人民法院关于在国有资本控股、参股的股份有限公司中从事管理工作的人员利用职务便利非法占有本公司财物如何定罪问题的批复》（法释〔2001〕17号）规定："在国有资本控股、参股的股份有限公司中从事管理工作的人员，除受国家机关、国有公司、企业、事业单位委派从事公务的以外，不属于国家工作人员。"2005年《最高人民法院关于如何认定国有控股、参股股份有限公司中的国有公司、企业人员的解释》（法释〔2005〕10号）规定："国有公司、企业委派到国有控股、参股公司从事公务的人员，以国有公司、企业人员论。"

从上述规定可得："国有公司、企业"与"国有控股、参股公司"是两个不相包容的相对范畴，前者不包含后者，仅指国有全资的公司、企业。根据这一狭义的界定，国有控股、参股企业非国有企业，企业资产不是纯粹的国有资产，只有国有全资的公司、企业才属于国有公司、企业。

笔者认为，在刑事司法领域采用狭义解释的原因在于，避免国有资产流失类犯罪[1]案件的"扩大化"。

3. 产权登记领域：限于国有独资企业、国有参股企业（非公司制法人）

根据《企业国有资产法》第5条的规定，国家出资企业包

---

〔1〕 国有资产流失类犯罪，是指国家机关、国有公司、企业事业单位、人民团体及其工作人员违反国家规定，直接或间接造成国有资产损失，触犯刑律，应受刑法处罚的行为。司法实践中常见有贪污罪、私分国有资产罪、国有单位人员滥用职权罪、妨害清算罪。此外，可能涉及的刑法罪名还有：隐匿、故意销毁会计凭证、会计账簿、财务会计报告罪，为亲友非法牟利罪，签订、履行合同失职被骗罪，徇私舞弊低价折股、出售国有资产罪，玩忽职守罪等。参见龚曾武等："国有资产流失类犯罪案件法律适用若干争议问题研究"，载《政治与法律》2007年第5期。

括国家出资的国有独资企业、国有独资公司，以及国有资本控股公司、国有资本参股公司。但是在涉及企业国有资产产权登记的相关规定中，仅将国有企业界定为国有独资企业和国有参股企业（非公司制法人）。

国务院《企业国有资产产权登记管理办法》（国务院令〔1996〕192号）第3条规定："国有企业、国有独资公司、持有国家股权的单位以及以其他形式占有国有资产的企业（以下统称企业），应当依照本办法的规定办理产权登记。"

财政部《企业国有资产产权登记管理办法实施细则》（财管字〔2000〕116号）第2条规定：下列已取得或申请取得法人资格的企业或国家授权投资的机构（以下统称"企业"），应当按规定申办企业国有资产产权登记（以下简称"产权登记"）：（一）国有企业；（二）国有独资公司；（三）国家授权投资的机构；（四）设置国有股权的有限责任公司和股份有限公司；（五）国有企业、国有独资公司或国家授权投资机构投资设立的企业；（六）其他形式占有、使用国有资产的企业。

上述法规文件虽然没有对"国有企业"这一概念进行明确的定义，但是从其对国有资产产权登记的企业类型的划分上来看，国有独资企业、国有参股企业（非公司制法人）属于"国有企业"，但对国有参股企业的持股比例没有明确规定。"设置国有股权的有限责任公司和股份有限公司"显然不是"国有企业"，且规定对"设置国有股权的有限责任公司和股份有限公司"的国有股权比例没有做出具体规定。因此可以认为，国有控股以及国有参股公司均不属于"国有企业"范畴，同时，根据上述第（五）项规定，国有企业、国有独资公司或国家授权投资机构投资设立的子公司（控股、参股公司）也不属于"国有企业"范畴。[1]

4. 国资国企监管领域：主要包括国有全资和控股企业、公司[2]

随着股份制改革的逐步推开和监管的需要，财政部门、国资部门等相关监管机构一般都把国有资本绝对控股企业和公司也纳入国有企业的范畴，但对于相对控股企业和公司是否也归属其中，尚缺乏明确的态度和成熟的标准。

根据财政部《关于国有企业认定问题有关意见的函》（财企函〔2003〕9号），对国有公司、企业的认定，应从以下角度加以分析：

第一，从企业资本构成角度看，国有公司、企业应包括企业的所有者权益全部归国家所有、属《全民所有制工业企业法》调整的各类全民所有制企业、公司（指《公司法》颁布前注册登记的非规范公司）以及《公司法》颁布后注册登记的国有独资公司、由多个国有单位出资组建的有限责任公司和股份有限公司。

第二，从企业控制力的角度看，国有公司、企业还应涵盖国有控股企业，其中，对国有股权超过50%的绝对控股企业，因国有股权处于绝对控股地位，应属国有公司、企业范畴；对国有股权处于相对控股的企业，因股权结构、控制力的组合情况复杂，如需纳入国有公司、企业范畴，应认真研究提出具体的判断标准。

---

[1] 参见秦茂宪、李锐："国有企业担任GP问题分析"，http://www.360doc.com/content/16/0922/09/27229517_592697881.shtml，最后访问时间：2019年12月23日。

[2] 参见刘秀芳："谈审计实践中'国有公司、企业'概念的把握"，http://www.360doc.com/content/13/1206/06/11809853_335026340.shtml，最后访问时间：2019年12月23日。

根据上述内容,国有公司、企业包括国有全资和国有绝对控股的公司、企业,而国有资本相对控股的公司、企业是否归属其范围,需要特别判断。

目前国资委没有直接出台过就国有公司、企业的定义或说明,但其发布的规范性文件也秉承了对"国有企业"界定为国有全资和控股企业的基本态度。如《国有单位受让上市公司股份管理暂行规定》(国资发产权〔2007〕109 号)明确定义:"本规定所称国有单位是指各级国有资产监督管理机构监管范围内的国有及国有控股企业、有关机构、事业单位等。"《上市公司国有股东标识管理暂行规定》(国资发产权〔2007〕108 号)第 2 条规定:"本规定所称上市公司国有股东,是指持有上市公司股份的国有及国有控股企业、有关机构、部门、事业单位等。"

如果说上述两项规定未能明确对绝对控股和相对控股的态度,那么《关于施行〈上市公司国有股东标识管理暂行规定〉有关问题的函》(国资厅产权〔2008〕80 号)可以作为有效的补充说明:持有上市公司股份的下列企业或单位应按照《上市公司国有股东标识管理暂行规定》(国资发产权〔2007〕108 号)标注国有股东标识:①政府机构、部门、事业单位、国有独资企业或出资人全部为国有独资企业的有限责任公司或股份有限公司。②上述单位或企业独家持股比例达到或超过 50%的公司制企业;上述单位或企业合计持股比例达到或超过 50%,且其中之一为第一大股东的公司制企业。③上述②中所述企业连续保持绝对控股关系的各级子企业。④以上所有单位或企业的所属单位或全资子企业。一言以蔽之,国有股东应为政府机构、部门、事业单位、国有独资企业或国有绝对控股(单独或合计均可,但合计须满足大股东为国有单位)企业。

此外,国资委、财政部、劳动保障部、税务总局于 2003 年

7月4日发布的《关于进一步明确国有大中型企业主辅分离辅业改制有关问题的通知》中提到了关于国有控股企业的界定标准。该文件规定国有大中型企业主辅分离、辅业改制的范围是国有及国有控股的大中型企业，其中国有控股是指国有绝对控股。根据国家统计局《关于印发〈关于统计上划分经济成分的规定〉的通知》（国统字〔1998〕204号），国有绝对控股是指在企业的全部资本中，国家资本（股本）所占比例大于50%的企业。

总之，财政部、国资委在国有全资和国有控股公司、企业均属于国有企业这一点上规范脉络是分明的，态度是一致的，区别只在于相对控股公司尚未形成定论，属于留白部分。[1]

综上，不同的领域对于国有企业有不同的界定。从所有制来看，国有企业概念是在全民所有制企业概念基础上发展演变而来的，就其经济性质来说属于全民所有制。从所有权来看，企业本身并非财产，而是一种关系的表现或要素的组合，不存在为谁所有的问题。并且任何人（包括自然人和法人）的财产（资本）一旦投入企业，就变成企业的法人财产，投资者只享有出资人的权利。因此关于企业的所有只能是指对企业所享有的股权或出资者权利。具体到国有企业，国家履行出资义务，以让与出资财产所有权为代价换取了国有企业股权或者出资者权利，国有企业概念的国家所有权应体现为国家对企业出资份额和收益的所有，而非企业资产的所有。

从竞争中立的角度看，由于竞争中立本身属于规制措施，因此在构建竞争中立制度时，国有企业的界定依据国资国企监管领域的界定为宜，即将国有企业界定为"国有全资和控股的

---

〔1〕 参见刘秀芳："谈审计实践中'国有公司、企业'概念的把握"，http://www.360doc.com/content/13/1206/06/11809853_335026340.shtml，最后访问时间：2019年12月23日。

企业、公司"。

（二）我国国有企业的类型

基于以上分析，按国家出资的方式及国有资本所占比重，基本上可以将"广义"上的国有企业分为以下四种类型。其中，前三种类型是"实质意义"上的国有企业，最后一种类型实际上不能真正算是"国有企业"，也不应纳入竞争中立的适用范围。

1. 国有独资企业

以国家作为唯一出资人建立的企业，其所有资产归国家所有，是直接隶属于政府的企业，实行非公司制的组织形式，法律依据为《全民所有制工业企业法》。国家依照所有权与经营权分离的原则授予企业经营管理权；企业可根据政府主管部门的决定，采取租赁、承包等经营形式。国有独资企业的主要特点：在法律上统一实行国家所有；生产决策和经营管理实行多层次的委托代理方式；企业厂长（经理）由各级政府任命。

2. 国有独资公司

国有独资公司是由国家单独出资、由国务院或者地方人民政府授权本级人民政府国有资产监督管理机构履行出资人义务的有限责任公司，法律依据为《公司法》。作为国家唯一出资的有限责任公司，它有以下几个特点：公司全部资本由国家授权投资的机构或部门以国有资本形式出资；国家以出资额为限承担有限责任；国家出资在公司存续期间不得抽回，但可以依法转让。

3. 国有控股公司

国有控股公司是那些通过持有其他公司达到决定性表决权的股份（不一定要超过50%），而对该公司进行经营控制，并主要从事资本经营及其他生产经营的国有企业。主要可以分为两种：一是纯粹型控股公司，它不直接从事经营，而是对其他公司或企业进行控制；二是混合型控股公司，它通过股份持有控制子公司，同时又从事一部分的生产经营活动，在与子公司的关系上，其行使出资人的权利，在直接的经营活动中，其享有法人财产权。

4. 国有参股公司

国有参股公司即"政府参股公司"，严格来说不属于国有企业，因为政府只是普通参股者，不具有控制权。这类企业的性质等同于一般竞争性企业，没有强制性的社会公共目标。政府参股只是为了壮大国有经济的实力，政府对这类企业通常没有其他附加义务。因此，此类企业不属于竞争中立的适用范围。

二、国际层面的"国有企业"

在国际层面，对于国有企业的界定就更加"多元"了。比如，世界银行曾经这样界定国有企业：国有企业是"政府所有或政府控制的经济实体，其收入来自于销售商品和服务"。[1]但是，OECD认为，目前尚没有国际协议界定何为国有企业，因此OECD也无法提供明确的界定。[2]OECD认为，在国家层面上，则有许多国有企业的定义。这些定义大多出于行政管理或国家预算的需要，往往在外延上要小于国际社会认定的国有企业的范围。

尽管没有普遍性的协议给出"国有企业"的定义，但是

---

〔1〕 See World Bank, "Bureaucrats in Business: The Economics and Politics of Government Ownership", Oxford University Press, 1995.

〔2〕 See OECD, "State Owned Enterprises and the Principle of Competitive Neutrality 2009", http://www.oecd.org/daf/competition/46734249.pdf, 最后访问时间：2019年12月23日。

OECD 认为，国际社会对于区别国有企业和民营企业的关键因素还是具有普遍共识：①由于政府资金注入的可能性以及隐含的政府担保，国有企业通常面临"预算软约束"。②国有企业通常被要求履行一些非商业性的要求。[1] ③即便国有企业没有被政府要求追求公共政策目标，也通常不存在被收购的风险，且相比于其他公司具有更低的商业化程度。

据此，OECD 认为，国有企业主要有三种形式：①法定公司（Statutory Corporations），该类公司作为政府部门的一部分或类似于政府部门而运作；②国家控制的完全公司化的企业；③少数股份在证券市场上市的国有企业。其中，后者越来越成为普遍做法，且由于其同时受公司法、证券法和竞争法等法律的约束，从公平竞争的角度看更不易出现问题。

总之，OECD 一般性地认为国有企业是指"政府能够有效控制的企业"，这种控制既可以通过持有多数表决权股份的形式体现，也可以通过其他行使同样水平的控制权的方式体现。例如，法律或公司章程的规定确保了拥有少数股权的政府能够对企业或其董事会进行持续控制。当然，有些情况下是否适用仍然需要依靠个案分析。比如，"黄金股"（Golden Share）本身是否构成"控制"取决于其赋予政府的权利的程度。如果公司治理结构或市场结构赋予了政府对企业非一般的影响力，政府拥有的少数所有权也可能构成对企业的控制。

此外，值得注意的是，国际层面的国有企业规则不论在主体的名称、适用的范围、规范的视角还是性质的定位等各方面，都与国内层面存在不同。

首先，与我国一般称为"国有企业"（State Owned Enterprise）

---

[1] See OECD, "Non - Commercial Service Obligations, 2003" [DAFFE/COMP (2004) 19]. (笔者译)

不同，国外还存在政府企业（Government Business 或 Government Enterprise）、国家企业（State Enterprise）、法定公司（Statutory Corporations）等不同表述。比如，《美国-澳大利亚自贸协定》采用了 Government Business 和 State Enterprise 的概念，并将前者专门界定为澳大利亚 1995 年《竞争原则协议》中所指的澳大利亚政府企业，后者则指双方任何层级政府享有所有权或通过所有者利益享有控制权的企业。再比如，在《美国-新加坡自贸协定》中，采用了 Government Enterprise 的概念，但是在同一概念下，其涵盖的范围却有所不同：对于美国而言，Government Enterprise 是指美国政府享有所有权或通过所有者利益享有控制权的企业；对于新加坡而言，Government Enterprise 则是指新加坡政府能够施加"有效影响"（Effective Influence）的企业。显然，后者的覆盖范围更广，一定程度上包含了"非国有企业"。

其次，在适用的范围上存在差别。依据适用范围的大小不同，基本上可以分以下三种情况：①仅适用于国有企业（涉及国有企业概念的界定）；②还适用于指定垄断（任何政府授予垄断权的私人垄断或政府垄断形式）；③适用于所有企业（凡产生不公平竞争的企业）。比如，澳大利亚的国内竞争中立制度主要是适用本国国有企业；《美国-澳大利亚自贸协定》《美国-新加坡自贸协定》以及 TPP 中的国有企业规则则不仅适用国有企业，还适用于指定垄断；欧盟的国家援助控制制度则几乎涵盖了所有企业（尽管主要还是针对国有企业或被授予了特别或专有权利的企业）。此外，不论是从澳大利亚的国内实践、OECD 的建议还是欧美的双边和区域协定来看，国有企业规则都并非适用于所有国有企业或指定垄断，而仅仅适用于达到一定"门槛"的国有企业或指定垄断。这个门槛基本上含有以下几层意思：其一，在性质上，必须是主要从事商业活动的国有企业或指定垄断，主要从事公益服务的国有企业或指定垄断不适用；其二，从规模上看，必须达到一定规模，比如，TPP 的国有企业规则仅适用于在前三个连续的财务年度中的任何一年的年收入超过 2 亿特别提款权（约 1.44 亿美元）的国有企业或指定垄断；其三，需要确认存在实际的或潜在的竞争者；第四，根据澳大利亚的实践和 OECD 的建议，竞争中立制度只有在收益大于成本的情况下才值得实施，但是 TPP 国有企业规则没有这一要求。

再次，从规范的视角来看，大多数国有企业规则都是从"主体"的角度出发进行规范，即从主体出发界定国有企业规则覆盖的范围。比如，《美国-新加坡自贸协定》就对"有效影响"（Effective Influence）进行了"推定"，政府控股超过 20% 的企业即被推定为"政府企业"。但是，在澳大利亚，其国内竞争中立制度的适用被表述为"重要的政府商业行为"（Significant Government Business Activities）。这更多的是从行为的角度出发界定其是否需要受竞争中立规则的约束。

最后，从性质的定位来看，将国有企业界定为"市场主体"或"公共机构"，会在诸如反补贴、政府采购领域造成截然不同的后果。比如，美国已经在若干反补贴案例中将中国的国有企业界定为公共机构，导致购买国有企业产品或服务本身被认定为构成"补贴"；在中国加入《政府采购协议》（GPA）的谈判中，要求中国将国有企业纳入 GPA 适用主体范围的报价，也提高了中国加入 GPA 的潜在难度。

总之，在国际层面，基于各自需求和力量对比的不同，对于国有企业的定义、范围和视角也存在不同。可见，并无唯一的定义或标准，需要根据具体情况予以认定和分析。

第三节 竞争中立的制度内涵

一、竞争中立的制度构成

不论从澳大利亚的国内实践还是从美国和欧盟的主张来看，竞争中立都主要涉及五大要求：

第一，运营中立。政府既是国有企业的所有者，也是国有企业参与市场竞争的规则提供者和监管者。为了防止政府在行使"裁判员"职能的时候偏袒自己出资的国有企业，运营中立要求尽可能地剥离商业类国有企业的政府职能，要求政府投资设立的国有企业在组织结构上采取市场化方式（比如以公司的组织形式运营），通过透明度和信息披露要求区分国有企业的商业性和非商业性成本和业务，防止交叉补贴等情形，并获得与私营企业相似的回报率。这表面上看是针对国有企业，实际上是要求政府在设立或维持国有企业时保持企业所有权和经营权的分离，防止政府直接作为市场主体参与市场竞争。

第二，税收中立。由于国有企业相比于私营企业更容易获得税收减免，税收中立要求尽可能地取消国有企业所享受的税收优惠，实现国有企业和私营企业向国家缴纳税收的实际税率相一致。

第三，补贴中立。由于市场化程度较低、企业治理模式非效率以及承担强加的企业社会责任等因素，国有企业的经营绩效往往比私营企业更低。为了弥补国有企业亏损，国家常常会提供额外补贴，帮助企业渡过难关。同时，为了扶持关乎国计民生或需要重大投入的新兴行业，政府也会为企业提供补贴，而这些补贴的对象大多为国有企业。补贴中立要求消除一般性的经营补贴，在确实需要补贴的领域，对所有企业一视同仁。

第四，信贷中立。国有企业与私营企业相比往往具有更广的融资渠道，它既可以向政府融资也可以向市场融资，而私营企业一般只有市场融资这一条渠道。而在向市场融资的场合，由于国有企业有政府信誉作为担保，相比私营企业更易获得贷款，而且借贷机构为了长期保持与国有企业的合作关系，也往往给予国有企业较低的贷款利率。信贷中立要求政府采取措施消除国有企业这种不公平的竞争优势，比如在政府提供融资的情况下保持市场融资利率水平，在市场融资的情况下为私营企业提供更多融资渠道。

第五，监管中立。由于国有企业的所有制优势，往往国企管理层与政府官员之间存在身份互换的"旋转门"机制，容易出现企业高管通过进入政府获取政策与资源的情形。又由于行政部门拥有制定规则和政策的权力，在政府监管政策及其实施过程中往往会免除国有企业某些方面的义务或对其网开一面，而私营企业则没有这些待遇。监管中立要求营造国有企业与私营企业相同或相当的监管环境。

为了实现以上要求，竞争中立通常还需要构建一系列实施和保障机制。从世界范围内已有的实践来看，竞争中立的实现机制主要包括以下方面：

（1）建立专门的实施机构。比如，澳大利亚建有专门的澳大利亚政府竞争中立投诉办公室，负责接受竞争中立的投诉、开展相关调查并向有关部门提出建议；欧盟建有专门的竞争委员会竞争总司，负责实施欧盟竞争法和国家援助控制规则。

（2）确立竞争中立的基本原则和规则。基本原则包括要求国有企业和指定垄断"基于商业考虑"开展行为和贯彻"非歧视原则"，要求政府贯彻"国民待遇原则""最惠国待遇原则""正当程序原则"等；基本规则包括投诉规则、申报和审查规则、透明度规则、争端解决规则等。

（3）构建专门的实施机制。比如，澳大利亚主要通过"投诉机制"实施竞争中立。由于在接受投诉并开展调查后，澳大利亚政府竞争中立投诉办公室本身并无决定权和执行权，只享有"建议权"，澳大利亚的竞争中立制度在一定程度上是"没有牙齿"的制度。相比之下，欧盟的竞争中立制度是"有牙齿"的制度：欧盟委员会不仅能够接受举报，还具有自主调查权、决定权和执行权。而且，欧盟构建了包括事先申报、事中调查、事后救济、司法审查在内的一整套的国家援助控制制度，能够对政府实施的排除限制竞争行为予以全方位的监督。

二、理解竞争中立的两个关键

（一）竞争中立不仅针对国有企业，更指向政府行为

不论是国际组织还是美国推广的竞争中立，其源头都来自于澳大利亚的国内措施。澳大利亚是世界上最早提出竞争中立概念并付诸实施的国家。在澳大利亚的竞争中立政策中，国有企业是主要的规制对象。比如，在澳大利亚，国有企业应主动向财政部备案，表明其是否属于竞争中立的规制范畴。若国有企业享受竞争优势而造成市场竞争不公平的，国有企业应向特定机构交纳竞争中立调整费，以矫正因所有制而获得的竞争优势。此外，TPP 的竞争中立规则也出现在"国有企业和指定垄断"章节中，因此，很容易将竞争中立理解为专门针对国有企业的政策。

但是，如果仔细分析，可以发现，前文提及的竞争中立的五大要求都不仅指向国有企业，而且最终指向政府行为。竞争中立规则最终是为了限制政府向国有企业和指定垄断提供财政的或非财政的优惠。通过行为条款和争端解决条款，当证明政

府对不同的企业存在歧视性待遇或实施了限制或扭曲竞争的行为时，确保政府对这些企业的行为负责；通过构建透明度条款，确保竞争中立规则的实施不"暗箱操作"。即竞争中立的本质是防止政府实施排除、限制竞争的行为。

　　尽管很多政府限制竞争行为都与维护国有企业的利益相关，但是在有些情况下，政府也可能为私营企业创设不公平的竞争优势。因此，竞争中立并非是为了排斥国有企业，而只是要求公平竞争。竞争中立也并非为了打击有效率的企业，而是为了消除不公平的竞争优势。如果竞争优势是国有企业通过提高经营效率而产生的，不属于竞争中立规范的范围。

　　（二）竞争中立不仅是一种国际规则，更是一种国内改革措施

　　实际上，竞争中立最初就是澳大利亚作为国内改革措施提出并付诸实施的。作为1995年发起的"国家竞争政策"的一部分，澳大利亚联邦政府与六个州和两个领地签署了政府间协议，要求各地方政府必须实施包括税收中立、信贷中立、监管中立等在内的竞争中立政策，即政府不得在税收、信贷和政府监管等各方面给予特定企业优惠，联邦政府则通过财政转移支付的方式对实施效果好的地方政府支付"对价"。除了澳大利亚，欧盟也通过《欧洲联盟运行条约》（以下简称《欧盟运行条约》）中有关国家援助控制的规定在事实上实施竞争中立政策，要求成员国对于公共企业及成员国授予特别或专有权利的企业不得指定、保留与条约的竞争规则相抵触的任何措施。

　　到了21世纪，在美国的主导下，竞争中立才被逐渐推广到区域和国际层面，试图将其从一种国内改革措施演变为国际通行规则。竞争中立国际化的理由美其名曰"维护公平竞争"，但是如果设计不当，很可能会制造实质上的不公平。

　　这是因为，作为"国内措施"与"国际规则"的竞争中立具有截然不同的目的和效果。如果说，以澳大利亚和欧盟为代表的发达经济体采纳竞争中立，在很大程度上是基于推动国有企业改革和维护统一市场的考虑；那么，相比之下，美国不像澳大利亚有那么多国有企业，也不像欧盟需要建立"超国家"的统一市场，其在国际上推行竞争中立更多地具有主导国际经贸规则治理和变相实施"贸易保护主义"的诉求。美国在TPP和USMCA中引入包括竞争中立在内的"高标准政策"，要求参与谈判的国家遵循符合美国国家利益的竞争中立规则，是将一种原本属于国内改革措施的规则"替换"为具有约束力的国际准则，在削弱其他国家参与国际竞争的能力的同时增强美国企业的竞争力。

第四节　竞争中立对中国的影响

一、竞争中立成为全球经济治理的重要一环

　　西方主流的国际政治理论认为，正常、有序的国际经济秩序需要一个强大的政治国家来维持。正如在国内市场中，需要由政府来提供包括市场交易规则在内的本国公共产品，在国际市场上，为了防止国与国之间的不公平贸易，也应该由占据主导地位的国家来提供全球公共产品。这一理论是美国对外政策的长期指导思想。二战以后建立的国际经济秩序，包括联合国、世界贸易组织、世界银行和国际货币基金组织等，都是在该思想的指引下由美国主导构建的。

　　但是，随着国际政治格局转变为"一超多强"，国际经济领域金砖国家等发展中经济体的兴起，美国主导全球经济治理的地位正在受到挑战。这种挑战主要体现在两个方面：第一，

WTO 多边体系正处于十字路口，若不改变滞后的谈判议程和僵硬的一揽子表决方式，建立在"公平"基础上并惠及绝大多数国家的多边贸易体系面临被边缘化的危险；第二，区域贸易主义的盛行加剧了"规则冲突"，美国主导的 TPP、美国和欧盟的 TTIP，以及由东盟十国发起，邀请中国、日本、韩国、澳大利亚、新西兰、印度共同参加的《区域全面经济伙伴关系协定》（RCEP）、中国力推的亚太自由贸易区（FTAAP）等在不同层面相互竞争和角逐。

不论是多边贸易体系的僵局还是区域主义的相互竞争，都围绕"规则制定"展开。各主要经济体都试图通过在多边或区域平台获得更多的规则制定权，在当今多极化的世界重塑国际经济治理结构，主导国际经济治理。竞争中立就是其中一个可能引发全球经济治理结构重大变化的领域，甚至可以说是一个关键领域。这与美国试图在多极化的世界格局中重新主导全球经济治理是密不可分的。在美国看来，国家资本是唯一可以和其代表的私人资本相抗衡的力量。为了在全球经济规则转型中稳固美国的主导地位，必须要对所谓的"国家资本主义"加以遏制。竞争中立无疑是最佳的切入点。

二、竞争中立给中国带来的挑战

虽然对于绝大多数国家而言，竞争中立在当前还主要体现为一种公平竞争的理念，但是一旦在国际层面达成以此理念架构的一整套规则，对于拥有大量国有经济的国家而言，冲击将是巨大的。在国内层面，竞争中立要求建立对违反竞争中立的行为予以监督和矫正的机制，包括明确竞争中立适用的范围、建立投诉或监督机构、构建正当程序等；在国际层面，竞争中立规则要求增强对国有企业的信息披露、确保政府在不同所有制企业竞争问题上一视同仁以及通过争端解决机制予以约束等。此外，竞争中立制度极有可能引起更多的贸易和投资摩擦，比如加强各国反垄断法对国有企业的适用，在反倾销、反补贴和保障措施领域加强对国有企业的约束，从而导致拥有更多国有企业的新兴经济体"面临更多的贸易救济案件被发起、更高的应诉成本、更困难的应诉程序和更大的制裁力度等不利局面"。[1]以上都会对政府主导经济发展的模式形成巨大冲击。

实际上，以竞争中立理念为指导的国际层面的国有企业规则，目前已经对中国产生重要影响。这种影响首先体现在对国有企业"走出去"的冲击。自2000年中国政府正式提出"走出去"战略以来，国有企业一直是中国企业"走出去"的主力军，长期占对外直接投资的六成以上。但是，随着竞争中立理念的传播，特别是被扭曲地认为"国有企业天然享有竞争优势"的竞争中立理念的传播，国有企业在海外越来越遭遇"歧视性待遇"。一方面，越来越多的大型国有企业在参与海外并购时遭遇国外国家安全审查的阻挠；另一方面，在反补贴、反垄断等领域，国有企业也越来越受到特别关注。

比如，美国早在2007年的铜版纸反补贴案[2]、2009年的厨房用金属架反补贴案[3]中，就开始将中国的国有企业认定为

---

[1] 冯辉、石伟：《贸易与投资新规则视野下的竞争中立问题研究——国企改革、贸易投资新规则与国家间制度竞争》，格致出版社2018年版，第123页。

[2] See United States Department of Commerce（"USDOC"），"Issues and Decision Memorandum for the Final Determination in the Countervailing Duty Investigation of Coated Free Sheet from the People's Republic of China"，C-570-907，2007，p. 55.（笔者译）

[3] See USDOC，"Issues and Decision Memorandum for the Final Determination in the Countervailing Duty Investigation of Certain Kitchen Appliance Shelving and Racks from the People's Republic of China"（"Kitchen Shelving IDM"），C-570-942，2009，p. 55.（笔者译）

"公共机构"，使得购买国有企业产品或服务本身被认定为构成"政府补贴"。美国还对 WTO 上诉机构的裁决予以扩张解释，不仅将国有独资或控股企业认定为公共机构，还将参股但执行政府产业政策或政府实施"有意义的控制"的企业视为公共机构，扩大反补贴管辖的范围。[1] 再比如，为了扩张对中国国企参与的国际并购的反垄断管辖权，欧盟委员会在 2016 年的中广核与法国电力合资案[2]中，已经开始基于欧盟竞争法"单一实体"规则合并计算中央国资委下属特定领域（比如能源）的所有央企的营业额，并在反垄断分析时考虑所有相关国企（而非参与交易的国企）对竞争的潜在影响。

竞争中立还可能冲击国内制度并影响中国参与国际经贸治理的进程。中国本质上实施的是公有制为主体的经济发展方式，国有企业在市场经济中占主导地位。国有企业不仅是市场主体，而且行使着诸多政府职能。如果在中国国内也构建与国际规则看齐的竞争中立规则，很可能削弱政府在推动新兴产业发展、扶持民族产业以及引导产业布局等方面的功能，从而削弱中国参与国际竞争的能力。

统计显示，全球 500 强企业中中国企业已经达到 115 个，其中大部分是国有企业；全球前 100 名的企业中国有企业已经达到四分之一。[3] 根据 OECD 的报告，在全球最大的 10 家国有企业中，就有 7 家是中国的国有企业（参见表 1-1）。因此，国际

〔1〕参见徐程锦："国际法视野下国有企业法律定性问题"，载林中梁主编：《WTO 法与中国论坛年刊（2016）》，知识产权出版社 2016 年版，第 21~39 页。

〔2〕European Commision, Case M. 7850-EDF / CGN / NNB GROUP OF COMPANIES.

〔3〕参见 21 世纪经济报道："国有企业的发展必须立足于'竞争中性'原则"，http://www.21jingji.com/2018/10-16/3OMDEzNzlfMTQ1MzE3OA.html，最后访问时间：2019 年 2 月 11 日。

社会对于国有企业参与全球竞争所引发的"担忧"是在现实压力下产生的，而由此传播的竞争中立理念，对于中国国有企业的冲击无疑是最大的。中国的国有企业不仅是市场主体，而且行使着诸多政府职能。与此同时，作为一个发展中经济体，政府在推动新兴产业发展、扶持民族产业以及引导产业布局等方面发挥着重要功能，很可能会出现补贴、信贷支持、担保支持等有违竞争中立的情况。如果政府或授权行使政府职能的企业的上述行为都要受到竞争中立规则的约束，那么中国参与国际竞争的能力无疑会受到极大削弱。

表 1-1 全球最大的 10 家国有企业

全球排名 *	公司	行业	住所地	市场价值	销售额	资产
1	中国工商银行	银行业	中国	237.3	134.8	2 813.5
2	中国建设银行	银行业	中国	202.0	113.1	2 241
8	中国农业银行	银行业	中国	150.8	103.0	2 124.2
10	中石油	油气业	中国	261.2	308.9	347.8
11	中国银行	银行业	中国	131.7	98.1	2 033.8
17	Gazprom	油气业	俄罗斯	111.4	144	339.3
20	Petrobras	油气业	巴西	120.7	144.1	331.6
26	中石化	油气业	中国	106.9	411.7	200.0
29	中国移动	电信业	中国	213.8	88.8	168.7
30	ENI	油气业	意大利	86.3	163.7	185.2

时间：2012 年~2013 年，单位：10 亿美元

资料来源：OECD（2014）；* Forbes 2000

更为重要的是，国际层面的竞争中立规则是"超WTO"的机制设计，如果其成为事实上的国际标准，中国将面临"二次入世"的风险，陷入十分被动的局面。当前，各主要经济体都试图通过在多边或区域平台获得更多的规则制定权，在当今多极化的世界重塑国际经济治理结构，主导国际经济治理。竞争中立就是其中一个可能引发全球经济治理结构重大变化的领域，甚至可以说是一个关键领域。作为一种"制度竞争"的形式，竞争中立已经成为国际经贸治理中一个不可回避的问题。实际上，正如美国前副国务卿罗伯特·D. 霍马茨（Robert D. Hormats）所言，美国倡导的竞争中立规则主要就是针对中国，因为在其看来中国是"国家资本主义"的最佳践行者。

在国有企业问题上，中国已经作出一些探索，特别是党的十八大之后，深化国有企业改革再次被提上日程，包括分类改革、混合所有制改革、公司治理改革等在内的一系列改革措施正在中央和地方层面不断推进。但是，这些改革仍然主要限于改善国有资本和国有企业的治理本身，尚未充分考虑国际经贸治理层面的国有企业规则，更未将对竞争中立的探索纳入国有企业的改革议程。

可以说，在竞争中立问题上，中国尚未形成有针对性的应对策略。在中国已经签署的自由贸易协定中，对于竞争中立问题都还没有做出回应。有观点认为，中国应该联合新兴市场国家和发展中国家，构建一个新的区域贸易体系，采纳比美欧主导的区域主义更低的标准，形成与美欧对抗的局势。但是，一个"更低"的标准无法指导中国未来经济的发展，中国也不可能依靠低标准构筑与美欧相抗衡的体系。更明智的选择应该是选择更符合中国发展需要的标准，这个标准不一定比欧美提出的竞争中立标准更低，但是应该符合中国国内改革需求。

第二章
竞争中立规则的国际比较
CHAPTER 2

本章内容提要：考察不同版本竞争中立在理念、制度和规则方面的差异及其背后隐含的逻辑理路，通过总结和分析不同版本之间的共性与个性，凸显不同发展阶段竞争中立理念及其制度选择的差异性，继而提出中国实施竞争中立政策的特殊性。

尽管各主要经济体在竞争中立的基本内涵上并无明显分歧，但是实现竞争中立的形式却多种多样，所呈现出来的立场也各不相同。目前来看，世界范围内至少存在四种形式的竞争中立：①作为国内改革措施的竞争中立；②作为国际倡导规则的竞争中立；③作为国际约束规则的竞争中立；④作为规则接受方的其他版本竞争中立。以下对这四个版本的竞争中立开展比较分析。

第一节　作为国内改革措施的竞争中立：
以澳大利亚为例

澳大利亚是通过国内立法实现竞争中立的典型代表，是世界上最早提出竞争中立理念并付诸实施的国家。竞争中立政策是澳大利亚于 1995 年发起的"国家竞争政策"的一部分。[1]根据该政策，澳大利亚联邦政府与六个州和两个领地签署了三项政府间协议：《竞争原则协议》、《行为规范协议》和《执行全国竞争政策和相关改革协议》。根据这三项协议，各地方政府必须实施包括税收中立、信贷中立、监管中立等在内的竞争中立政策，即国有企业不得在税收、信贷和政府监管等各方面享受政府给予的优惠，联邦政府则通过财政转移支付的方式对实施效果好的地方政府支付"对价"。

澳大利亚的竞争中立政策体系可以概括为实施机构、适用范围和实施机制等方面。

一、竞争中立的实施机构

澳大利亚有权实施竞争中立的部门主要有三个：金融与行政部（Department of Finance and Administration）、财政部（the Treasury）和澳大利亚政府竞争中立投诉办公室（Australian Government Competitive Neutrality Complaints Office，AGCNCO）。

（一）金融与行政部

金融与行政部主要负责确保维持一个有效的竞争中立支付系统，并享有实施相关竞争中立制度安排的建议权。澳大利亚国有企业的实际控制人（相关政府机构）必须每年通过调查报告的形式向金融与行政部报告其实施竞争中立的情况，金融与行政部搜集这些信息后将其提供给财政部，财政部也使用这些

---

〔1〕"国家竞争政策"包括了五大举措：①全面适用 1974 年《贸易行为法》（现《公平竞争与消费者保护法》）中的竞争行为准则；②对限制竞争的法律法规进行审查和修订；③引入竞争中立政策；④要求必需设备所有者向竞争者开放使用权；⑤建立价格监管制度。See Council of Australian Governments，"Competition Principles Agreement"，http://www.docin.com/p-48927640.html，最后访问时间：2019 年 12 月 23 日。

信息来准备《澳大利亚政府国家竞争政策年度报告》。[1]

（二）财政部

财政部主要负责编制《澳大利亚政府国家竞争政策年度报告》，其中也包括竞争中立的内容。同时，财政部也负责向财政官员提供有关竞争中立政策的建议，履行财政部有关竞争政策事项的职责。

（三）澳大利亚政府竞争中立投诉办公室

澳大利亚政府竞争中立投诉办公室根据 1998 年《生产力委员会法》设立，是隶属于生产力委员会（Productivity Commission）的一个自治单位。其主要职责包括受理竞争中立投诉、开展竞争中立调查以及向财政部提供针对澳大利亚政府商业行为适用竞争中立政策的独立建议。

此外，澳大利亚各个州和领地也建立了独立于政府部门的竞争中立投诉机构，或者直接由财政部门负责处理竞争中立投诉。

二、竞争中立的适用范围

澳大利亚竞争中立政策仅适用于"重要的政府商业行为"（Significant Government Business Activities），且只有在收益大于成本的情况下才能够实施。

（一）属于政府商业行为

经营者首先需要判断，其是否符合澳大利亚竞争中立政策的商业行为标准。如果政府享有所有权的实体符合以下条件，则相关行为会被界定为政府商业行为：①对产品或服务收费

---

[1] See OECD, "Competitive Neutrality and State-Owned Enterprises: Challenges and Policy Options", OECD Corporate Governance Working Papers, No. 1, OECD (2011), http://www.oecd.org/daf/corporateaffairs/wp, 最后访问时间：2019 年 12 月 24 日。（笔者译）

（不一定必须针对最终消费者）；②存在实际的或者潜在的竞争者（不论是在私人部门还是公共部门），即法律或政策没有限制购买者选择其他替代性的供给；③该行为的管理者在生产或提供货物或服务以及确定其价格时享有一定程度的自主权。如果对于以上问题的回答都是肯定的，则相关行为构成竞争中立政策所指的商业行为。

（二）属于"重要的"（Significant）政府商业行为

在澳大利亚，可以实施政府商业行为的实体主要被分为两大类：一是在法律上独立于政府的组织，主要包括两类：①政府商业企业（Government Business Enterprises，GBEs），其主要功能是为了获取商业回报而在市场上出售商品或服务。所有的政府商业企业要么是公司，要么是被确认为政府商业企业的其他实体。②非政府商业企业的公司和机构（Non-GBE Companies and Authorities），其主要参与公共利益业务，并通常获得政府补贴，用于弥补运营赤字。二是在法律上不独立于政府的组织，也主要包括两类：①商业单位（Business Units），其主要基于行政安排设立，但是其中的特定机构或部门基于获取商业回报的目的而开展交易；②其他参与商业活动的政府组织。

根据规定，以下实体实施的行为被自动视为"重要的"政府商业行为：①所有政府商业企业及其子公司；②所有联邦公司（Commonwealth Companies）；③所有商业单位；④基于市场测试目的进行的基准成本核算活动（Baseline Costing for Activities Undertaken for Market Testing Purposes）；⑤超过1000万澳元的公共采购；⑥联邦机构或部门实施的其他年商业营业额超过1000万澳元的商业行为（非政府商业企业行为）。[1]不在以上列举

---

[1] Commonwealth of Australia, "Australian Government Competitive Neutrality - Guidelines for Managers", Canberra, 2004. （笔者译）

范围的，则由澳大利亚政府竞争中立投诉办公室负责评估是否属于重要的政府商业行为。相关企业也可以主动和澳大利亚政府竞争中立投诉办公室联系，以确认其行为是否属于重要的政府商业行为。

（三）实施竞争中立的收益大于成本

虽然实施竞争中立政策的效果很多时候难以用金钱衡量，但是其好处还是显而易见的。通过实施竞争中立政策，可以改进公共企业的商业实践、优化资源配置效率、改进企业透明度和问责制、提高企业竞争力以及消除交叉补贴等。实施竞争中立政策的成本则主要表现为行政成本，包括改变会计系统、资产估值、行为评估和日程管理等方面的成本。

澳大利亚政府竞争中立投诉办公室认为，实施竞争中立政策的成本并非如想象中那样显著，完全可以基于已有的成本核算系统予以评估管理。[1]如果有企业想要证明实施竞争中立政策的成本超过收益，则其需要考虑这些成本是否主要来自于实施竞争中立政策本身。证明实施竞争中立的成本大于收益的举证责任由主张不适用竞争中立政策的一方承担。即，如想排除适用竞争中立政策，需向澳大利亚政府竞争中立投诉办公室提供成本收益分析的证据及相关文件。

图2-1（见下页）给出了相关企业判断自身是否属于竞争中立政策适用范围的步骤。

三、竞争中立的实施机制

澳大利亚竞争中立政策的实施机制主要体现为投诉机制，

---

　〔1〕See Commonwealth Competitive Neutrality Complaints Office, "Australian Institute of Sport Swim School", Competitive Neutrality Complaint Investigation No. 2, 1999. （笔者译）

即任何个人、企业、政府或非政府组织机构均可以借助"投诉

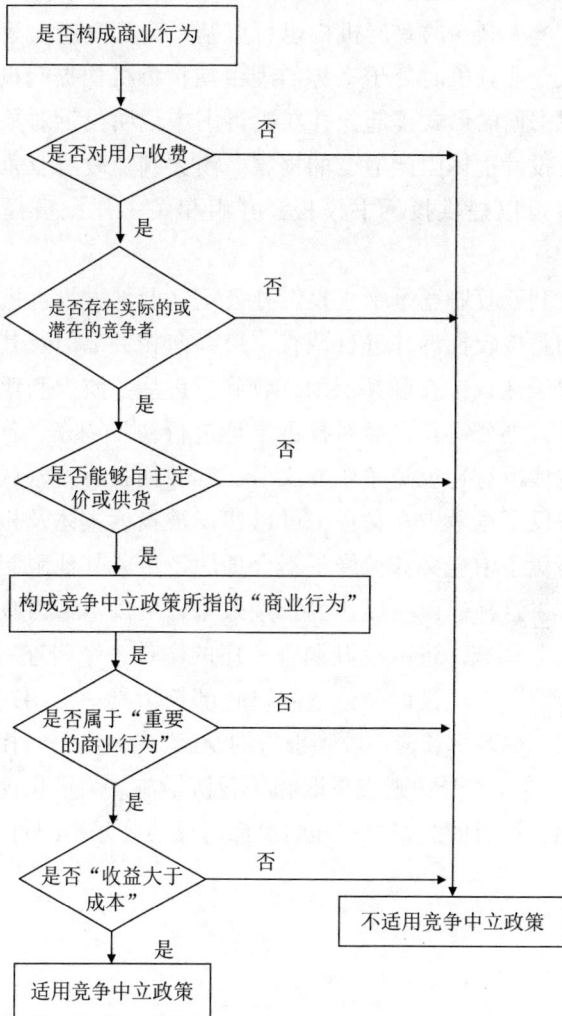

图 2-1 适用竞争中立政策的评估步骤

机制"对享有不合理竞争优势的"重要的政府商业行为"向澳

大利亚政府竞争中立投诉办公室（或地方投诉机构）提出违反竞争中立政策的投诉。同时，根据1998年《生产力委员会法》的规定，澳大利亚的政府机构也可以基于受到政府政策影响而在与私人企业竞争时处于劣势的理由向投诉机构提起投诉。投诉必须以书面的形式提起，并在投诉书中说明投诉对象的竞争优势以及投诉主体因此遭受的损害。澳大利亚政府竞争中立投诉办公室可以提供投诉书模板，并由相关工作人员提供投诉帮助。

澳大利亚政府竞争中立投诉办公室（及地方投诉机构）的主要作用是接收投诉并进行调查，最终向相关部门及其主管人员提供政策建议。在联邦层面，收到投诉后，澳大利亚政府竞争中立投诉办公室首先会对投诉申请进行初步调查。若其认为被投诉主体没有违反竞争中立义务，则驳回投诉；若认为被投诉主体违反了竞争中立义务，可以建议被投诉主体及相关政府部门履行竞争中立义务，修正不合理的定价或其他限制竞争的行为；如果这种建议不能达到预期效果，可以申请财政部长批准进行公开调查。进入公开调查程序的案件，经调查后，澳大利亚政府竞争中立投诉办公室向财政部长出具一份调查报告并提出建议，财政部长应在收到报告的90天内做出是否接受建议的决定。[1]如接受，则应采取相关救济措施。为了保证调查的公开透明，所有的调查过程和结果都向社会公开。（具体流程见图2-2）

---

〔1〕 See Commonwealth of Australia, "Australia Government Competitive Neutrality Guidelines for Managers", http://www.doc88.com/p-1406546120721.html, 最后访问时间：2019年12月24日。（笔者译）

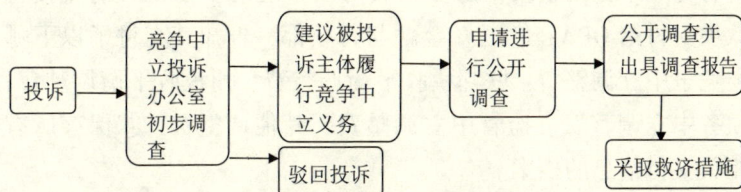

图 2-2 竞争中立投诉处理流程图

　　如果建议被接受，则通常需要调整"重要的政府商业行为"的成本结构。这可以通过分离商业和非商业活动（无论是会计上的还是法律上的）以及其他必要的竞争中立调整措施（比如缴纳竞争中立调整费）来实现。通常涉及的调整领域主要包括以下方面：税收中立调整、债务中立调整、监管中立调整和商业回报率调整等。比如，在税收中立调整方面，享受税收优惠的企业需要向联邦政府（涉及联邦税时）、州或领地政府（涉及州或领地税时）缴纳税收中立调整费，使其与没有享受税收优惠的竞争者处于同等纳税水平。在债务中立方面，享受贷款或担保等借贷优惠的企业需要向政府缴纳债务中立调整费。在监管中立方面，享受规制优势的政府商业行为需要缴纳监管中立调整费，或者将其体现在成本结构中，最终反映在产品或服务的价格中。在商业回报率方面，经营者需要确保其产品或服务的价格足以在一段合理的期间内获得合理的商业回报率〔至少相当于长期（10年）联邦债券的回报率〕。如果一个政府商业企业长期达不到商业回报率要求，则显然没有实现竞争中立义务，相关的政府部门有义务采取行动。

　　一般来说，所有的竞争中立调整费都必须在所涉财政年度的6月1日之前向联邦政府在联邦储备银行的公开存款账户（Official Public Account，OPA）缴付。缴付的步骤如下：①计算所有竞争中立调整费；②在相关财政年度的 6 月 1 日前直接将款项支付给 OPA；③通知金融与行政部，告知其支付了以下哪类竞争中立调整费：联邦税收平衡调整费、州税收平衡调整费、债务中立调整费、监管中立调整费、其他调整费；④保存所有相关支付信息的档案。

四、对澳大利亚版竞争中立的评价

澳大利亚是世界上最早在一个主权国家内部提出并构建竞争中立政策体系的国家，其相关实践为其他国家提供了广泛的经验。也正因为如此，包括 OECD 在内的国际组织在推广竞争中立的理念和制度时，基本上都是以澳大利亚的制度为范本。但是，基于笔者的调查研究以及与澳大利亚竞争中立实施机构（比如澳大利亚政府竞争中立投诉办公室）的官员及澳大利亚学者的交流，发现澳大利亚的竞争中立政策仍然存在以下方面的问题：

第一，根据澳大利亚的竞争中立政策，只有在"收益大于成本"时竞争中立才能付诸实施。OECD 提供的"最佳实践"也延续了这一做法。考虑到国家成立国有企业必然会存在一些"净利益"，成本收益分析的结果很可能导致"不作为"。比如，即便在澳大利亚的竞争中立制度通过 17 年后，将竞争中立适用于诸如"国家宽带网络"（the National Broadband Network）这样的大型国企仍然艰难。[1]这必然会大大减弱竞争中立实施的有效性。

第二，澳大利亚"赋予每个辖区确定如何、何时以及哪些

---

［1］ See Josh Taylor, "NBN Flirting with Competition Breach: Report", http://www.zdnet.com/nbn-flirting-with-competition-breach-report-1339327658/，最后访问时间：2019 年 12 月 24 日。（笔者译）

企业应该适用竞争中立的权力"。[1]这样一来，每个州和地方都有可能基于自身的"特殊情况"决定不实施竞争中立政策。而且，在澳大利亚的制度设计中，竞争中立实施机构仅享有"建议权"，并不享有"执行权"，相关建议能否被相关政府部门接受在不同的地区存在不同的情况。此外，相比于在国家层面实施竞争中立，地方实施竞争中立的透明度更低，实施的效果也更具不确定性。比如，据笔者了解，澳大利亚的维多利亚州在竞争中立政策的实施方面就比昆士兰州要做得更好一些。

第三，澳大利亚的竞争中立制度是在市场驱动下自发产生的，主要针对的是财政补贴这一扭曲公平竞争的行为，而并不特别强调如何解决优待国有企业的反竞争监管，因为这对于澳大利亚而言不是突出问题。但是，监管中立问题对其他国家和地区（特别是发展中、新兴市场国家和地区）而言却是一个重大问题。因此，澳大利亚的措施并不一定适合其他国家照搬，在目前情况下也很难移植为通行的国际规则。

第二节　作为国际倡导规则的竞争中立：以 OECD 和 UNCTAD 为例

早在 20 世纪 70 年代，国际社会便开始关注限制竞争行为对国际贸易和投资的影响。此后的几十年时间，国际社会从未停止将竞争规则纳入多边贸易体系并建立国际竞争规则的努力。1996 年在新加坡举行的 WTO 部长级会议上，各成员同意就竞争议题开展工作，并成立世界贸易组织贸易与竞争政策工作组。

---

[1] See Government of Australia, "Commonwealth 1997 Progress Report: Commonwealth Competitive Neutrality Annual Report 1996-97", http://ncp.ncc.gov.au/docs/AS-TIV2-003.pdf, 最后访问时间：2019 年 12 月 24 日。（笔者译）

然而，由于多数发展中国家成员顾及自身经济发展，发达国家成员对于竞争政策的理解和实施亦存在分歧，最终导致竞争政策议题在多边贸易框架内遭遇搁浅。

目前，国际组织主要是通过发布研究报告、"指南"和"最佳实践"等形式，为国际竞争政策的交流和"趋同"作努力。其中在竞争中立问题上，尤以 OECD 和 UNCTAD 的成果最为突出。

一、OECD 的竞争中立

OECD 是最早开展竞争中立研究并在该领域最具有国际影响力的国际组织。早在 2005 年，OECD 就发布了《OECD 国有企业公司治理指南》，提出了开展国有企业公司化改革及其治理的一整套框架。从 2009 年起，OECD 启动了竞争中立的研究，并且进展迅速。[1] 在此之前，"国有企业"和"竞争"分别归属于 OECD 公司治理委员会和竞争委员会两个研究方向。[2] 目前，OECD 已经陆续发布了直接针对竞争中立的一系列研究报告。[3]（参见表 2-1）这些报告总结了国有企业在世界范围内存在的"竞争优势"以及 OECD 成员（特别是澳大利亚）在竞争中立问

---

[1] 2009 年的一项不完全调查统计表明，OECD 国家拥有 2 057 家国有企业，国有企业总产值接近 1.9 万亿美元。从国有企业总产值占 GDP 的比重来看，OECD 国家国有企业总产值占 GDP 的平均比重为 15%，OECD 国有企业就业总人数超过 600 万人。参见黄志瑾："国际造法过程中的竞争中立规则——兼论中国的对策"，载《国际商务研究》2013 年第 3 期。

[2] 参见余菁等："国家安全审查制度与'竞争中立'原则——兼论中国国有企业如何适应国际社会的制度规范"，载《中国社会科学院研究生院学报》2014 年第 3 期。

[3] OECD 有关竞争中立的一系列报告，可参见 OECD 网页：http://www.oecd.org/competition/reforms/以及 http://www.oecd.org/competition/enforcement/. 最后访问时间：2019 年 12 月 10 日。

题上的态度和实践，提出了实现竞争中立面临的困难、需要解决的主要问题以及相关建议方案，呼吁国际社会全面采纳《OECD 国有企业公司治理指南》，并积极引入竞争中立理念和制度。

表 2-1　OECD 竞争中立报告一览表

时间	报告	主要内容
2005 年	《OECD 国有企业公司治理指南》	提供了针对国有企业公司治理的一整套方案，主要内容包括：①确保针对国有企业的有效的法律和监管框架；②国家如何作为国有企业的所有者；③公平对待不同股东；④利益相关者之间的关系；⑤透明度和信息披露；⑥国有企业董事会的职责。
2009 年	《国有企业与竞争中立原则》	主要探讨了两个问题：①竞争法如何适用于国有企业；②公司治理和竞争中立原则之间的关系。
2011 年	《澳大利亚的竞争中立和国有企业：实践回顾及对其他国家的启示》	全面介绍了澳大利亚联邦和各州的竞争中立制度框架。报告认为澳大利亚的竞争中立制度是极其成功的，但是要移植到其他国家并非易事，除非其他国家也愿意开展澳大利亚那样深刻的改革。
2011 年	《竞争中立和国有企业——挑战和政策选择》	报告总结了竞争中立在 OECD 国家和欧盟的实施情况，指出全面适用《OECD 国有企业公司治理指南》仍然任重道远。建议尚未开展国有企业公司化改革的国家尽早开展改革，已经开展公司化改革的国家全面引入《OECD 国有企业公司治理指南》。
2012 年	《竞争中立：各国实践》	报告比较分析了不同 OECD 国家的竞争中立框架，总结了在这些国家实现竞争中立的主要因素。

续表

时间	报告	主要内容
2012 年	《竞争中立：经合组织建议、指引和最佳实践纲要》	报告总结了实现竞争中立需要国家主管部门优先解决的八大问题：①精简政府商业行为的运作形式；②确定政府商业行为的成本；③确保政府商业行为的商业回报率；④公共服务的义务；⑤税收中立；⑥监管中立；⑦债务中立和直接补贴；⑧公共采购。
2012 年	《竞争中立：维持国有企业和私有企业公平竞争的环境》	报告提供了 OECD 认为已经被普遍接受的实现竞争中立的方法，分析了运用这些方法可能面临的挑战。报告补充了 2005 年发布的《OECD 国有企业公司治理指南》，将讨论范围扩展到国有企业之外具有商业性质的的政府行为。

（一）OECD 认为国有企业享有的竞争优势

根据 OECD 的报告，[1] 国有企业享有以下竞争优势，导致其与私营企业之间存在不平等的竞争关系。

（1）政府补贴：国有企业可以直接从政府获得补贴或以其他财政资助的形式来维持其商业运作。例如，国有企业常常享有税收优惠，此外还可能享受优惠的土地政策（比如以低价或免费获得土地），这些都相当于政府补贴。这些补贴人为地降低了国有企业的成本，并提高了其竞争力。

（2）优惠融资和担保：国有企业常常可以直接从政府或者

---

〔1〕 Antonio Capobianco, Hans Christiansen, "Competitive Neutrality and State-Owned Enterprises: Challenges and Policy Options", http://www.oecd-ilibrary.org/governance/competitive-neutrality-and-state-owned-enterprises_5kg9xfgjdhg6-en. 最后访问时间：2019 年 12 月 24 日。（笔者译）

由国家控制的金融机构获得低于市场利息的贷款。此外，国有企业隐含的"国家信用担保"使其在融资时享有天然的优势。

（3）政府提供的其他优惠待遇：这主要体现为监管或规制方面的优势。例如反垄断法实施的豁免和信息披露方面的豁免等，而私营企业通常无法享受这些豁免。此外，国有企业往往是政府采购的受益方，其"国有"性质更有利于其迎合政府采购的要求来提供政府想要的产品和服务。

（4）垄断优势：国家在设立国有企业时的主要目标之一就是让其贯彻国家产业政策的目标，这也就意味着国有企业必然在主导产业中占据垄断地位。在有些国家，国有企业把持着产业链中最重要、也最赚钱的环节，使得上下游产业的价格、产量均需其掌控，导致其相比于私营企业更具有竞争优势。

（5）权益锁定优势：国有企业的股权通常都是被"锁定"（Lock-in）的，其控制权不像私营企业一样可随意转让，这给国有企业带来了一系列的优势。比如，国有企业通常无需向股东分红；在其制定价格策略时，也无需考虑股价、成本等因素。另外，当控制权很稳定时，公司的管理人员会丧失盈利的激励，致使公司效率低下。

（6）破产例外和信息优势：由于其资本是被锁定的，某些行业或特定类型的国有企业还享有免于破产的权利。没有了对破产的担忧，企业对其经营活动往往没有制约。另外，国有企业还可接触某些私营企业无法接触到的信息，享有信息优势。

（二）OECD界定的竞争中立及其政策目标

OECD将"竞争中立"界定为一种适用于所有企业的法律制度环境，在具有这种特质的市场体系中，国有企业和私有企业受到同样的制度规范约束，政府并不特别关照某一企业主体或为其提供优于竞争对手的政策支持。[1]比如，在 2012 年的研究报告《竞争中立：确保国有企业和民营企业之间的公平竞争环境》中，OECD 将"竞争中立"与"公平竞争环境"的提法画了等号。这份报告还强调，其研究对象范围已经从狭义的国有企业拓展到了各种带有政府色彩的商业活动。[2]

针对政府商业活动可能在市场上获得的竞争优势，并综合多国在处理竞争中立问题时的不同侧重点和已有做法，OECD 总结了以下有关"竞争中立"的八个方面的政策目标。[3]

1. 政府商业活动经营模式合理化

这一目标讨论了政府商业活动（包括传统国有企业和其他政府商业活动）的企业经营模式。OECD 认为，通常企业与政府的关系越疏远，越有利于保持市场的竞争中立，所以要求推进政府商业活动的公司化、私有化改革进程。但私有化并不是必需的，竞争中立的目标不是消除所有政府商业活动，而是要求这些企业采取更为规范的经营模式，避免政府背景所带来的过度竞争优势。竞争中立的这一目标就是要推进所有政府商业活动的公司化进程，并尽可能将商业活动与非商业活动进行结构性分离。

2. 识别特定职能成本

当一个国有企业既有满足公共需求的非商业活动，又有参

〔1〕 See OECD, "State Owned Enterprises and the Principle of Competitive Neutrality 2009", http://www.oecd.org/daf/ca/corporate governanceofstate-owned enterprises/50251005.pdf. 最后访问时间：2019 年 12 月 24 日。（笔者译）

〔2〕 See OECD, "Competitive Neutrality: Maintaining a Level Playing Field Between Public and Private Business", http://www.oecd.org/corporate/ca/corporategovernanceofstate-ownedenterprises/50302961.pdf. 最后访问时间：2019 年 12 月 24 日。（笔者译）

〔3〕 See OECD, "Competitive Neutrality: A Compendium of OECD Recommendations, Guidelines and Best Practices", http://www.oecd.org/daf/ca/50250955.pdf; 唐宜红、姚曦："竞争中立：国际市场新规则"，载《国际贸易》2013 年第 3 期。

与市场竞争的商业活动时，确定一套合理的成本分配机制就显得非常重要。为了确保国有企业的非商业活动不会成为对其商业活动进行交叉补贴的渠道，提高企业透明度和会计要求是必要的。比如，要求对因履行公共服务义务而产生的成本进行核算，将商业活动与非商业活动的账目分开设立。

3. 获得商业回报率

竞争中立意味着，政府商业活动的回报率应与市场保持一致。如果没有商业回报率的要求，那么国有企业可以通过有力的政府支持，通过降低利润率的方式压低价格，在市场上获得竞争优势。商业回报率要求的主要目的是防止交叉补贴，国有企业像其他私营企业一样，出于长期战略需要改变短期利润率的行为是被允许的。要达到这一目的，有必要对每一类商业活动设定合理的回报率水平。

4. 合理考量公共服务义务

当一个在竞争性市场运营的国有企业被要求进行以公共利益为目的的非商业活动时，该企业理应获得合理透明的财政补偿。但如果该补偿超过其提供的公共服务，那么就会扭曲市场竞争环境。在实践中，如何合理考量公共服务的补偿是一个比较复杂的问题。OECD认为最精准和透明的补偿方式是通过公共部门预算直接支付。

5. 税收中立

税收中立意味着，政府商业活动和私营竞争者的税收负担应该大致相当。事实上，传统意义上的国有企业需要交纳的直接税和间接税，与私营企业没有什么差别。而有一些没有公司化的政府商业活动往往享有间接税的减免。税收中立所要消除的市场扭曲主要是指这一类。

6. 监管中立

监管中立，要求最大程度上保持政府商业活动和私人企业享有同样的管制环境。扭曲的情形包括，在某些国家的某些领域，国有企业更容易取得行政许可，政府控制的金融活动所受到的管制更少等。进一步的考虑还应该包括竞争法对于国有企业和其他形式政府商业活动的适用范围。

7. 债务中立和直接补贴

债务中立意味着，在相似的商业环境中，国有企业应该和私营企业为债务融资支付同样的利率成本。首先政府应该确保国有企业和政府商业活动不从直接补贴中获得资金成本优势。进一步还应该考虑，由于事实上或者可被感知的相对于私营企业更低的违约风险，国有企业在市场上可能获得成本更低的资金。这一问题同样偏离了债务中立，但较难识别。

8. 政府采购

满足竞争中立的政府采购的基本准则为：首先，政府采购应该是竞争性的和非歧视性的；其次，参与投标的国有企业应满足上述竞争中立的标准。潜在的问题是，长期存在于该领域的国有企业，其在位者优势可能足够大，以至于阻止了竞争者的进入。

（三）OECD 总结的实现竞争中立的途径

OECD 在总结了各国的经验后，指出了实现竞争中立的三种途径。[1]

1. 竞争推进途径

如果不公平的竞争是由政府自身政策造成的，那么竞争机构可以采取"竞争推进"（Competition Advocacy）的方式要求立

---

〔1〕 参见黄志瑾："国际造法过程中的竞争中立规则——兼论中国的对策"，载《国际商务研究》2013 年第 3 期。

法机构改变政策。根据国际竞争网络（ICN）的定义，"竞争推进是由竞争主管机构通过非执法机制采取的与提高竞争环境有关的提升公众对竞争利益的认识所进行的活动。"[1]竞争推进是竞争政策的重要组成部分。可以说，竞争法和竞争推进是现代竞争政策的两大支柱。竞争推进之所以构成竞争执法之外的单独路径，是基于竞争执法存在无法避免的固有缺陷：一是无法对市场最大的干预者——政府（包括行业组织）所实施的不当限制竞争的行为施加影响；二是无法"事先"对不当限制竞争行为施加影响，即无法扭转或根除国民经济中业已存在的垄断现象，而只能对其实施的不当垄断进行有限约束；三是执法行为方式严格受到法律条文限制，不够灵活。相比之下，竞争推进能够在宏观层面一揽子解决所有（或大部分）影响市场竞争行为的经济法律和政策，破除限制自由竞争机制发挥作用的制度藩篱。竞争推进的对象主要有三个方面，即政府、企业和社会公众。政府违反竞争的行为对市场竞争秩序的影响往往大于企业垄断带来的影响，而企业往往是不正当竞争的主要参与者，社会公众则通常都是反竞争行为的受害者。

2. 竞争立法途径

立法机构可以事先制定详尽的竞争立法以确保竞争中立。比如，欧盟以立法的方式明确了竞争中立原则。《欧盟运行条约》第106条规定，公共企业（Public Company）受竞争法调整，且任何成员国都不能违反该条；此外，公共企业还受欧盟竞争法和国家援助规则的调整。同时，《欧盟运行条约》赋予欧盟委员会要求公共企业停止限制竞争行为的权力；如果该限制

---

[1] See International Competition Network, "Advocacy and Competition Policy (2002)", http://icn.flywheelsites.com/wp-content/uploads/2018/09/AWG-AdvocacyReport2002.pdf, 最后访问时间：2019年12月24日。（笔者译）

竞争行为是由于成员国的法律或政策所致，则欧盟委员会还可以发布指令或决定要求该成员国停止此项立法或政策。在国家援助规则方面，成员国必须向欧盟委员会事先申报其准备采取的国家援助的立法和措施，由欧盟委员会决定是否颁布。另外，欧盟委员会还可以要求公共企业提供其商业活动和非商业活动的预算比例。[1]比如，公共交通的运营商必须将其提供的公共交通账户和其他经营活动账户分别开立。[2]

3. 综合立法途径

澳大利亚采取的是综合立法途径。澳大利亚并没有专门对竞争中立加以立法，而是通过政府各个部门之间的协调、合作来实现竞争中立的目标。在机构设置上，与欧盟委员会专司竞争中立不同，澳大利亚的竞争机构——澳大利亚竞争与消费者委员会（Australian Competition and Consumer Commission, AC-CC）——并非执行竞争中立政策的主要机构。恰如前述，澳大利亚财政部负责竞争中立政策的制定，澳大利亚政府竞争中立投诉办公室负责竞争中立案件的投诉处理及调查。综合立法途径的优点在于不存在"无法可依"的法律真空，政府内部的协调合作可以从各个层面和角度打击限制竞争行为，较之竞争立法途径更加全面和灵活。

〔1〕 See European Commission, "Commission Directive 80/723/EEC of 25 June 1980 on the transparency of financial relations between Member States and public undertakings", 1980, p. 35. 该指令已在 2005 年和 2006 年被修订。Directive 2005/81/EC of 28 November 2005, p. 47, Directive 2006/111/EC of 16 November 2006, 2006, pp. 17~25. （笔者译）

〔2〕 See Council of the European Union, European Parliament, "Regulation (EC) No 1370/2007 of the European Parliament and of the Council of 23 October 2007 on public passenger transport services by rail and by road and repealing Council Regulations (EEC) Nos 1191/69 and 1107/70". （笔者译）

（四）OECD 建议的竞争中立适用范围

OECD 认为，确立竞争中立的适用范围时，应该主要考虑以下因素：

1. 竞争中立主要适用于"国有企业"

虽然 OECD 没有对国有企业作出明确的界定，但是，OECD 一般性地认为国有企业是指"政府能够有效控制的企业"，这种控制既可以通过持有多数表决权股份的形式体现，也可以通过其他行使同样水平的控制权的方式体现。例如，法律或公司章程的规定确保了拥有少数股权的政府能够对企业或其董事会进行持续控制。如果公司治理结构或市场结构赋予了政府对企业的非一般的影响力，政府拥有的少数所有权也可能构成对企业的控制。

2. 竞争中立主要适用于参与经济活动（Economic Activities）或从事商业活动（Commercial Activities）的国有企业

所谓经济活动，是指在市场上提供商品或服务的活动，且该活动从原则上看可以由私人经营者开展并盈利。市场结构本身（竞争市场、寡头市场还是垄断市场）不是决定一项活动是否是经济活动的决定性因素。OECD 认为，竞争中立框架下的国有企业的活动必须是商业性的，即需要遵从商业原则和商业特性。其中，最重要的是区分营利性的活动和非营利性的活动。出于社会目标的考虑，国有企业提供的一些服务可能毫无利润，甚至会亏损。此类非营利的服务应该豁免于竞争中立。

3. 需要考虑适用的国有企业的级别

OECD 认为，各国需要考虑是否将竞争中立适用于各级政府（包括国家的、区域的和地方的）的国有企业。毫无疑问，国家层面的国有企业对竞争中立的威胁最大，但是地方政府对于竞争的影响程度也越来越高。现实中，地方政府经常与私人部门在娱乐活动、儿童保育、教育、医疗保健、住房和交通等方面存在竞争。因此，如果竞争中立政策不涵盖地方政府，则实施的效果将大打折扣。

4. 需要确认存在实际的或潜在的竞争者

竞争中立政策有效的前提是在市场上存在竞争者，即不应该有任何的立法禁止在该市场上的竞争。然而，不一定需要存在"实际的"竞争者，因为国有企业现有的优势可能阻碍了潜在竞争者进入该市场。

5. 需要开展成本收益分析

竞争中立政策的实施只有在实施的收益大于实施的成本时才是有效的。因此，有必要对每一个国有企业进行成本收益分析。虽然，从理论上看，竞争中立政策可适用于所有国有企业，然而在实践中，对所有国有企业适用竞争中立政策可能带来很大成本。比如，对小型国有企业适用竞争中立政策可能带来极高的行政成本，但是其竞争收益并不大。

（五）OECD 建议的竞争中立的实施机制

OECD 认为，竞争中立的实施主要依靠两大机制：监督机制和执行机制。[1]

1. 监督机制

监督机制应该涉及一系列改革议程，并根据监督的情况修改可能需要调整的领域，以确保改革的持续有效性。监督可以通过以下方式进行：一是设立专门的监督机构，赋予其开展调查和发布监督报告的权力；二是赋予相关政府部门及其负责人

监督权，在其负责范围内报告并公布改革的进展；三是通过国有企业本身，要求其向相关部门及社会公布改革进展情况；四是通过发布定期报告（比如委托专家进行评估），审查改革的执行情况及其绩效。

2. 执行机制

执行机制是指要求政府及国有企业实施竞争中立的相关改革机制。虽然不同国家可能会建立不同的执行机制，但是基本要素应该是共通的。一是立法机制，通过立法具体说明国有企业和私营企业竞争时应该如何开展活动；二是行政机制，要求国有企业履行竞争中立义务；三是正式的投诉机制，建立正式投诉机构，在接受投诉的同时，负责调查被投诉的国有企业是否违反竞争中立义务，并有权采取救济措施；四是充分利用各个国家已有的相应机制，很多国家已经建立要求政府部门及其所属企业遵从国家政策的合规机制，这些机制可以作为实施竞争中立政策的基础。

（六）对 OECD 竞争中立的评价

OECD 的研究报告基本建立在以下前提之上，即国有企业普遍具有开展限制竞争行为的动力和能力，相比于私营企业具有显著的"竞争优势"，这种不正当的竞争优势需要借助"竞争中立"制度加以约束，以实现不同所有制企业之间的公平竞争。OECD 的报告还普遍认为，大多数国家认为竞争中立是一套合理健全的政策规则，相当一部分国家愿意在其国家政策中考虑竞争中立框架。但是，相比于下面提及的美国版的竞争中立，OECD 版竞争中立显然要更加"温和"。

尽管 OECD 最初开展竞争中立研究主要是受到美国的影响，但是其提出的竞争中立"最佳实践"或"指南"仍主要是基于澳大利亚的经验和架构。比如，OECD 仍然建议通过成本收益分析来确定是否实施竞争中立。[1]OECD 也明确提出，应该区分国有企业的商业活动和非商业活动，竞争中立只应对非商业活动予以规制。[2]当然，为了便于在国际上推广，OECD 还是建议对澳大利亚的方案进行适当改造。比如，OECD 特别强调了政府应该分离"市场监管"与"国企管理"的职能，确保监管中立。OECD 还建议，由于有些国有企业必须执行公共政策，因此应该得到"适当补偿"。此外，OECD 还承认，在国有企业的分类中，"政治考虑有时会在国有企业的分类中起到关键作用"。[3]换言之，竞争中立的实施不可避免地会受到政治因素的制约。

由于澳大利亚的竞争中立是在一个主权国家内部实施的一套监管制度，将其推广到国际层面必然会遭遇"水土不服"的问题，并隐含澳大利亚制度本身可能存在的缺陷。因此，很多人认为，OECD 给出的"药方"过于空泛，不适用于大多数国家。[4]由于国家之间的差异化很大，即使所有国家都愿意并且有能力像 OECD 一样行动，竞争中立的国际化仍然是一个巨大挑战，更不用说中国、马来西亚和越南等这样具有广泛的国有经济的国家。

---

〔1〕 See OECD, "Competitive Neutrality: Maintaining a Level Playing Field Between Public and Private Business", http://www. oecd. org/daf/ca/corporategovernanceofstate-ownedenterprises/50302961. pdf. 最后访问时间：2019 年 12 月 24 日。(笔者译)

〔2〕 See OECD, "Competitive Neutrality: Maintaining a Level Playing Field Between Public and Private Business", http://www. oecd. org/daf/ca/corporategovernanceofstate-ownedenterprises/50302961. pdf. 最后访问时间：2019 年 12 月 24 日。(笔者译)

〔3〕 See OECD, "Competitive Neutrality: A Compendium of OECD Recommendations, Guidelines and Best Practices", http://www. oecd. org/daf/ca/50250955. pdf. 最后访问时间：2019 年 12 月 24 日。(笔者译)

〔4〕 See Derek Scissors, "Why the Trans-Pacific Partnership Must Enhance Competitive Neutrality", http://www. heritage. org/research/reports/2013/06/why-the-trans-pacific-partnership-must-enhance-competitive-neutrality. 最后访问时间：2019 年 12 月 24 日。(笔者译)

总之，OECD 版竞争中立承认国有企业存在的必要性，只是希望能够建立一套制度对国有企业的不公平竞争行为予以制约。OECD 也认可不同国家和地区根据自身情况设计竞争中立制度的合理性，重点关注的是国有企业的限制竞争"行为"而不是国有企业这个"身份"本身。这是与美国版竞争中立的最本质区别。

二、UNCTAD 的竞争中立

除了 OECD 之外，UNCTAD 也在 2011 年启动了若干关于竞争中立的研究项目。其中一个项目是"竞争中立政策的实施比较研究"，来自中国、澳大利亚、印度、马来西亚和巴拉圭的专家学者参与其中。

相比于 OECD，UNCTAD 的关注点更多在于发展中国家和转型经济国家。比如印度竞争委员会（Competition Commission of India）与 UNCTAD 已经于 2012 年 5 月份在新德里成立了工作组，推进一项名为"竞争中立在印度"的研究项目，探讨印度国有企业的市场竞争问题、现有司法体系以及更好的做法。此外，马来西亚、乌拉圭等国也向 UNCTAD 出具了竞争中立研究报告。可见，竞争中立已经被越来越多的国家所关注。对于这些国家而言，研究和制定竞争中立政策既是融入全球化并参与国际竞争的需要，也是推动国内制度改革的内在需求。遗憾的是，迄今为止 UNCTAD 的研究主要还在探索和总结发展中国家国有企业改革现状和经验的阶段，尚未形成能够普遍适用于发展中国家的竞争中立制度建议。

第三节　作为国际约束规则的竞争中立：
从多边到区域和双边

　　最早的国有企业规则可以追溯到 WTO 的前身《关税与贸易总协定》（The General Agreement on Tariffs and Trade，GATT）。但是，目前在国际层面具有实际拘束力和影响力的竞争中立规则主要体现为美国和欧盟主导的竞争中立规则。其中，美国版的竞争中立规则主要体现在其主导签署的双边及区域贸易协定之中（典型如 TPP 和 USMCA）；欧盟版的竞争中立规则主要体现在《欧盟运行条约》之中（主要包括竞争法规则和国家援助控制规则）。

一、WTO 版的竞争中立

（一）规则梳理

　　在 WTO 法律框架内，与国有企业相关的规则主要有三类：

　　一是国营贸易企业规则，主要规定在 GATT 第 17 条（国营贸易企业）。所谓国营贸易企业，是指"各成员政府建立或从事进出口贸易活动的企业，并给予企业正式或事实上的独占权或特权"。国营贸易企业不需要被国家实际拥有，任何私营企业也可以享有政府特权，当政府特权影响了公司市场活动，那么就是控制公司的正常交易行为。这些特权的方式可能是会潜在扰乱正常市场秩序的补贴或垄断许可，因此 WTO 要求国营贸易企业完全遵循非歧视原则、商业考虑、披露交易信息以及逐渐从国际贸易中退出。[1]

---

〔1〕　参见屠新泉等："国有企业相关国际规则的新发展及中国对策"，载《亚太经济》2015 年第 2 期。

二是反补贴规则，主要规定在 GATT 第 6 条（反倾销税和反补贴税）、第 16 条（补贴）和《补贴与反补贴措施协定》之中。政府的补贴很可能会优先流向国有企业，因此尽管 WTO 只约束政府行为，但是通过对政府补贴行为的约束，能够间接调整国有企业的行为。此外，根据《补贴与反补贴措施协定》第 1.1（a）（1）条规定，提供补贴的主体是"政府"或"公共机构"。国有企业是否是公共机构以及在何种情况下可以认定为公共机构，是 WTO 反补贴领域争议最大的问题之一。下文将从案例出发，对此展开具体分析。

三是是否可以作为 GPA 的适用主体。GPA 是 WTO 的一项诸边协议，目标是促进成员方开放政府采购市场，扩大国际贸易。GPA 由 WTO 成员自愿签署，截至 2019 年 12 月 20 日，有美国、欧盟等 20 个参加方，共 48 个国家和地区签署了协议。我国于 2007 年底启动了加入 GPA 谈判。[1] 但是，部分欧美国家在中国加入 GPA 的谈判中，要求中国将大部分国有企业纳入 GPA 适用主体范围，导致中国加入 GPA 的进程一直受阻。[2]

GPA 约束的政府采购实体包括中央实体、次中央实体和其他实体三个方面。因此，关键问题在于，国有企业是否构成"其他实体"。GPA 对于其他实体并没有明确的定义，而是以"直接或基本上受政府控制的实体或其他由政府指定的实体"这

---

〔1〕 加入 GPA 谈判涉及市场开放范围和国内法律调整两个方面。其中，政府采购市场开放范围由各参加方以出价清单的形式，通过谈判确定。出价清单包括 5 个附件和 1 份总备注。其中，附件一至三是采购实体开放清单，分别载明承诺开放的中央采购实体、次中央采购实体、其他采购实体及各自开放项目的门槛价；附件四和五是采购项目开放清单，分别载明各采购实体开放的服务项目和工程项目；总备注列明了执行 GPA 规则的例外情形。参见中国政府采购网：http://www.ccgp.gov.cn/wtogpa/. 最后访问时间：2019 年 12 月 1 日。

〔2〕 参见樊富强："竞争中立视角下国有企业作为政府采购主体问题研究"，载《中国政府采购》2016 年第 3 期。

样的标准来限定。目前协议主要成员方对于政府采购实体的认定标准也存在差异。[1]

美国根据"政府对国有企业是否具有管理上的控制权"这一标准来判断国有企业是否纳入采购实体，具体包括以下方面：①是否有法律法规文件规定政府对实体施加控制力或影响力；②实体是否承担政府目的；③政府拥有实体的投票权和股份是否构成对该实体的控制或影响；④政府是否任命或有权任命实体的高管；⑤政府是否参与实体的商业决策或经营管理及控制；⑥实体在支出和盈利方面是否对政府或国库负责；⑦实体是否接受政府提供的补贴或扶持；⑧实体是否享有政府给予的特殊政策（特许经营权、垄断地位等）。[2]

根据《关于协调有关水、能源、交通运输和电信部门采购程序的欧盟2004年17号指令》和《关于协调公共工程、供应品和服务采购程序的欧盟2004年18号指令》，欧盟将采购实体定义为联邦、州或者地方当局、受公共法律管辖的实体，或者由以上实体组建的组织。上述国有企业多涉及重要公共事业领域并通过一定的方式获得了国家特许权从而取得了特定领域的垄断地位。因此，将这些企业纳入政府采购协议中的实体范围更有利于建立公平竞争的市场环境。[3]

韩国对于采购实体的定义简单粗暴，把政府投资达到或超过50%的定义为国有企业并且将中央和地方国有企业都纳入了

---

[1] 各方出价清单详见中国政府采购网：http://www.ccgp.gov.cn/wtogpa/.

[2] 参见翁燕珍等："GPA参加方国有企业出价对中国的借鉴"，载《国际经济合作》2014年第3期。

[3] 参见翁燕珍等："GPA参加方国有企业出价对中国的借鉴"，载《国际经济合作》2014年第3期。

政府采购主体的范围。[1]

　　日本将国有企业分为"政府直营"与"特殊法人"。中央政府直接经营的企业有五种：邮政、国有林和草业、造币、印刷和酒精专卖。特殊法人则几乎涉及全部国民命脉和公共服务领域，其中包括基础设施、烟草、自然资源、金融保险、社会福利、文化教育与高新技术开放等。[2]

　　上述主要成员的划分标准和做法，基本都是依据其国内的法律及对国有企业的分类进行的。可见，由于协议参加各方的具体情况各不相同，制定一份各方通用的清单显然是不现实的。

　　而且，要注意到，在加入 GPA 时，包括美国和欧盟在内的国家也没有将所有国有企业纳入政府采购主体的范畴。比如，美国加入 GPA 的出价清单中，承诺将具有国有性质的企业以及部分州立大学纳入 GPA 协定的适用范围。但是美国不存在直接参与市场竞争的国有企业，仅存在州一级政府所有、控制和参与的企业，这些企业可以避免适用 GPA 条款的约束。即使如此，美国在已经签订或正在谈判的自由贸易协定中，也没有将所有上述企业作为政府采购出价实体。欧盟曾专门修改《公用事业采购指令》，仅将部分公用事业纳入政府采购规制范畴。欧盟加入 GPA 的出价清单附件 3 中，仅将部分提供公共服务的企业作为政府采购出价主体。另外，韩国和日本在加入 GPA 时，详细列出的国有企业清单中，也仅仅存在少数国有企业。[3]

　　中国不仅在对国有企业分类的工作上起步较晚，并且由于

---

〔1〕　参见廖良美、顾玮："GPA 框架下国有企业分类及依据选择"，载《湖北经济学院学报（人文社会科学版）》2014 年第 7 期。

〔2〕　参见廖良美、顾玮："GPA 框架下国有企业分类及依据选择"，载《湖北经济学院学报（人文社会科学版）》2014 年第 7 期。

〔3〕　参见樊富强："竞争中立视角下国有企业作为政府采购主体问题研究"，载《中国政府采购》2016 年第 3 期。

大部分大型国有企业已经集团化经营，所涉及的经营领域同时涵盖公共服务和纯商业服务，这使得国有企业的分类工作更加复杂。另一方面，中国的国有企业数量庞大、占经济比重更是远超欧美各市场经济国家，盲目开放国有企业的采购市场无疑会使中国经济遭受巨大冲击，而拒绝将国有企业纳入采购实体又难以达成谈判结果。因此，对于中国而言，当务之急在于加快国有企业分类改革，将纯商业类的国有企业排除在采购实体之外，减少加入 GPA 后对本国市场的冲击。

目前，经国务院批准，财政部经由我国常驻 WTO 代表团，已经于 2014 年 12 月 22 日向 WTO 提交了中国加入 GPA 的第 6 份出价。本次出价首次列入大学、医院和国有企业，工程项目全部列入出价，门槛价也降至参加方水平。同时，扩大了中央政府实体覆盖范围，增加了 5 个省（出价省份达到 19 个），还增列了服务项目，调整了例外情形。这份出价范围已与参加方一般出价水平大体相当。[1]

（二）案例分析

在 WTO 层面，与国有企业相关的案例主要集中在反补贴领域，特别是中美之间的反补贴争端。美国早在 2007 年对中国发起的第一起反补贴调查（铜版纸案）中，就认定中国的国有商业银行为受政府控制的"公共机构"，符合补贴的主体资格。[2]在 2009 年美国针对中国的厨房用金属架反补贴案中，进一步系统

---

〔1〕 参见财政部："我国向世界贸易组织提交加入《政府采购协议》第 6 份出价清单"，http://www.mof.gov.cn/zhengwuxinxi/caizhengxinwen/201412/t20141224_1171570.html. 最后访问时间：2019 年 12 月 24 日。

〔2〕 See United States Department of Commerce（"USDOC"），"Issues and Decision Memorandum for the Final Determination in the Countervailing Duty Investigation of Coated Free Sheet from the People's Republic of China，Exhibit CHI - 93"，C - 570 - 907，2007，p.55.（笔者译）

性地对中国国有企业的法律性质展开了讨论。[1]美国商务部认为，所有中国政府控股的国有企业，都属于美国1930年《关税法》第771（5）（B）条规定的"公共机构"。这就将国有企业是否属于"公共机构"的标准简单地归结为政府是否享有控制权。除非被调查企业和出口国政府能够证明控制权本身并未导致政府控制企业活动，否则"控股"本身即可推定国有企业属于"公共机构"。中国曾多次在WTO层面对美国的上述做法提出挑战，但是美国通过多种方式对此进行了回避，导致不论是在美国法还是WTO法层面，对于国有企业性质的界定迄今为止尚未形成定论。

1. 中国诉美国铜版纸双反案初裁（DS368）

2007年，美国在铜版纸案中对中国发起了第一次反补贴调查，认定中国的国有商业银行为受政府控制的"公共机构"，符合补贴的主体资格。美国商务部分别于2007年4月和10月做出了铜版纸案关于补贴的肯定性初裁和终裁。中国在美国商务部初裁之后，即于2007年9月14日在WTO正式就铜版纸案的初裁向美国提出磋商请求。但是，2007年11月，美国国际贸易委员会（ITC）裁定原产于中国的铜版纸并未对美国产业造成实质性损害或可预见性威胁，随后美国商务部取消了征税令。

2009年9月，美国三家公司（New Page、Appleton和SAPPI）联合美国钢铁工人联合会再次向美国商务部提出申请，要求对源于中国和印尼的铜版纸开展双反调查，促使美国商务部于2010年裁定对来自中国的铜版纸征收7.6%~135.8%的反

---

[1] See USDOC, "Issues and Decision Memorandum for the Final Determination in the Countervailing Duty Investigation of Certain Kitchen Appliance Shelving and Racks from the People's Republic of China, Exhibit CHI-93" ("Kitchen Shelving IDM"), C-570-942, 2009, p. 43. （笔者译）

倾销税和 19.46%~202.84% 的反补贴税，美国 ITC 也在同年 10 月以中国铜版纸对美国的产业有可预见性的威胁为由，批准了这一征税令。2013 年 12 月 3 日，中国正式通过 WTO 争端解决机制，起诉美国商务部过去数年间对中国产品发起的包括本案在内的 13 起反倾销措施（DS471）。2016 年 10 月 19 日，WTO 公布其争端解决机构的专家组报告，支持中国主要诉讼请求，裁定美国对中国铜版纸等 13 项反倾销措施违反世贸规则。[1]

2. 中国诉美国反倾销和反补贴措施案（DS379）

2008 年 9 月，中国将美国针对中国标准钢管、矩形钢管、复合编织袋和非公路用轮胎采取的"双反"措施裁决诉诸 WTO 争端解决机构。美国商务部在这四起双反案件中，认定中国商业化运作的国有企业构成了所谓的"公共机构"，并认为中国国有企业提供原材料的行为构成政府补贴。因此，本案的争议焦点之一，即是美国在反补贴裁决中将中国的国有企业认定为公共机构的做法是否符合 WTO 规则。

美国认为，凡是中国政府控股的中国企业一律可以被认定为"公共机构"。因此：①中国政府通过国有企业向出口产品生产商提供的原材料（热轧钢板、聚丙烯、橡胶等），属事实上的专项性补贴；②私营企业从国有企业购买原材料然后供应给出口产品生产商，构成可征收反补贴税的补贴；③中国政府通过国有银行（包括政策银行和国有商业银行）向出口产品生产商提供优惠贷款，构成法律上的专项性补贴；④中国政府向出口商提供的土地使用权构成可征收反补贴税的补贴；⑤由于美国并不承认中国为"市场经济国家"，因此，计算优惠贷款的利益

---

[1] 参见中国造纸协会："中国纸业赢世贸组织裁决，美国对华铜版纸反倾销措施违规"，http://www.chinappi.org/news/20161025151325313836.html. 最后访问时间：2019 年 12 月 24 日。

和土地使用权的利益授予时，不能采用中国本土的标准而应该用替代国的价值水平来衡量中国政府向出口产品生产企业所赋予的利益金额。[1]

相反，中国认为，判断公共机构的根本标准应该是"是否代表国家行使职权"，而非是否由政府控股。首先，"公共机构"应该解释为那些被授予政府职权并履行政府职能的实体。只有在调查机关有充分证据证明国有企业和国有商业银行被授予政府职权并履行政府职能的情况下，才能被认定构成"公共机构"。中国的国有企业和国有商业行为都不是政府机构，也不是公共机构，其商业行为未受到政府的"委托"或"指示"，其行为不能视为政府补贴。其次，所有制虽与控制权有关，但与决定一个企业是否属于"公共机构"无关。区别"公共机构"和"私营机构"行为的不是政府控制企业的程度，而是企业拥有、行使的权力的来源与性质。再次，国有企业和国有商业银行应被推定为"私营机构"，如果认定其为"公共机构"，美国商务部就需证明国有企业在提供投入、国有商业银行在提供贷款时，存在政府的授权并属行使政府的权力，也就是要证明实体存在政府的"委托"或"指示"，此时方可视国有企业、国有商业银行为"公共机构"，是在提供政府补贴。

但是，专家组的裁决基本上接受了美国的观点，即从控制权的角度认定国有企业是否属于公共机构，并且认为美国无需证明这些国有企业或国有商业银行是受政府的"委托"或"指示"。对此，中国于 2010 年 12 月 1 日提出上诉。

2011 年 3 月，上诉机构发布裁决报告，认为被授予政府职权才是认定公共机构的关键，政府是否享有控制权仅仅是可以

---

[1]　参见张玉卿：《张玉卿 WTO 案例精选——WTO 热点问题荟萃》，中国商务出版社 2015 年版，第 330 页。

考虑的因素之一。具体而言，上述机构指出以下情况可以将一个实体认定为"公共机构"：①法律或法律性文件明确对有关实体授权，可直接认定该实体为"公共机构"；②没有法律的明示授权未必能排除将一个实体定为"公共机构"，重要的是考察一个实体是否被赋予了政府权力，行使政府职能，而不管其是如何获得了该权力；③政府对一个实体及其行为进行"有意义的控制"（Meaningful Control）的证据，在一定情况下，可以作为该实体履行政府职能，拥有、行使政府权力的证据。[1]在这里，何为"有意义的控制"，增加了认定的复杂性，为中国国有企业被继续被认定为公共机构埋下了隐患。

在证明规则上，上诉机构进一步指出，作为贸易救济调查机构的美国商务部有义务主动搜集证据证明中国国有企业是否可以被认定为公共机构。对于中国的工商类国有企业，上诉机构认为美国商务部没有尽到调查的义务，因此不足以证明中国政府对其实施了"有意义的控制"；但是对于中国国有商业银行，上诉机构认为美国商务部尽到了主动调查义务，因此美国商务部将中国国有商业银行认定为公共机构的做法符合 WTO 规则。这是因为，美国商务部不仅证明了中国政府绝对控股国有商业银行，而且提出了以下证据：①中国的《商业银行法》第34 条规定商业银行必须"根据国民经济和社会发展的需要，在国家产业政策指导下开展贷款业务"；②中国的国有商业银行缺乏足够的风险控制和分析能力；③中国的国有商业银行的管理层均由政府认定。[2]

---

〔1〕 参见张玉卿：《张玉卿 WTO 案例精选——WTO 热点问题荟萃》，中国商务出版社 2015 年版，第 342 页。

〔2〕 See Appellate Body Reports, "United States – Definitive Anti – Dumping and Countervailing Duties on certain Products from China"（DS379），p. 349. （笔者译）

从结果上看，在本案中，中国政府在绝大部分是胜诉的。但是，美国在执行过程中，"创造性"地对 WTO 上诉机构的裁决予以扩张解释，实际上扩大了中国企业被认定为公共机构的范围。根据 2012 年 5 月 18 日美国商务部发布的《执行上诉机构在 DS379 案中的裁决：关于中国的"公共机构"问题的分析报告》，凡属于下面范围的，皆可认定为"公共机构"：①所有中国政府独资或控股的企业；②所有国资参股但需要执行政府产业政策的企业；③政府实施了"有意义的控制"的拥有很少乃至没有国有股份的企业。[1]显然，上述报告是对 WTO 上诉机构裁决的重大歪曲。

3. 中国诉美国对中国部分产品实施反补贴措施案（DS437）

2012 年 5 月 25 日，针对美国 2007 年以来对中国的 22 类产品（包括厨房用金属架等）反补贴调查中的错误做法，中国正式向 WTO 起诉，启动 WTO 争端解决程序。DS437 案是在 DS379 案的基础上扩大战果的又一尝试。该案除了质疑美国商务部在反补贴调查当中对公共机构的错误认定之外，还挑战了若干其他重要的法律点：美国认定公共机构的法律标准本身、立案标准、补贴专向性、补贴利益计算（外部基准）、不利可获得的事实、土地使用权的专向性、出口限制措施构成财政资助等。[2]

在本案中，专家组基本沿用了 DS379 案的法律标准，认为判断是否构成公共机构的标准是"政府职能"而非"所有权"。因此，专家组认为，美国商务部在反补贴调查中将政府拥有多数股权的实体推定为公共机构的政策，作为一项措施本身，违

---

〔1〕 参见徐程锦："国际法视野下国有企业法律定性问题"，载林中梁主编：《WTO 法与中国论坛年刊（2016）》，知识产权出版社 2016 年版，第 21~39 页。

〔2〕 参见肖瑾："较量——记中国阻击美国双反调查的'七年战'"，http://www. guancha. cn/Xiao-Jin/2014_07_16_246963_s. shtml. 最后访问时间：2019 年 12 月 24 日。

反了《补贴与反补贴措施协定》第 1.1（a）（1）条。[1]2014年 12 月，上诉机构亦维持了专家组关于美国在公共机构认定方面的做法违反 WTO 规则的裁定。[2]

更为重要的是，2016 年 5 月 13 日，中国商务部正式宣布，就 DS437 案的执行措施，提出与美国在 WTO 争端解决机制下进行磋商，正式启动该案执行之诉程序。中国商务部网站援引商务部条法司负责人谈话称，针对该案，原审专家组和上诉机构此前已裁定，美方 15 项涉华反补贴调查和裁决违反世贸规则，要求其纠正违规措施。但是，美方不仅未能在合理执行期限内全部完成执行义务，还在已发布的部分再调查裁决中继续坚持违规做法。鉴此，中方决定就本案启动 WTO 争端解决执行之诉。中方强烈敦促美方，尽快完成国内再调查程序，诚信执行 WTO 裁决，认真纠正其长期、系统性违反世贸规则的实践，尽快放弃滥用贸易救济措施的错误做法，否则中方将在 WTO 争端解决框架下寻求进一步的解决。[3]

二、美国版的竞争中立

近些年，随着区域自贸安排的回归，各国转向通过区域自贸协定发展竞争规则，这使得竞争政策成为区域自贸谈判中的

---

〔1〕 See "United States–Countervailing Duty Measures on Certain Products from China"（DS437），https://www. wto. org/english/tratop_ e/dispu_ e/cases_ e/ds437_ e. htm. 最后访问时间：2019 年 12 月 24 日。（笔者译）

〔2〕 参见 "商务部新闻发言人孙继文就世贸组织公布中国诉美国反补贴措施世贸争端案上诉机构报告发表谈话"，http://www. mofcom. gov. cn/article/ae/ag/201412/20141200838985. shtml. 最后访问时间：2019 年 12 月 24 日。

〔3〕 参见 "中国商务部：中方正式启动对美国反补贴措施案（DS437）执行之诉程序"，http://finance. ifeng. com/a/20160513/14383552_ 0. shtml. 最后访问时间：2019 年 12 月 24 日。

重要议题。世界贸易组织的数据显示，截至2013年7月31日，世贸组织共计收到575个区域自贸协定通报，其中379个已经生效实施。在这些已经正式实施的区域自贸协定中，约有115个涉及竞争政策议题。[1]但是，在涉及竞争政策的自贸协定中，涉及国有企业或竞争中立的并不多，主要体现在美国参与的区域或自由贸易协定中。其中，最备受关注的无疑是TPP和经部分删减后的CPTPP，以及最新达成的新北美自由贸易协定USMCA。

（一）TPP/CPTPP的竞争中立

TPP的前身是《跨太平洋战略经济伙伴关系协议》（亦被称为"P4协议"），最初由新加坡、智利、文莱和新西兰四国于2005年6月发起。2009年11月，美国正式宣布加入TPP，澳大利亚、秘鲁、越南紧随美国之后加入，2010年10月马来西亚加入。2012年，加拿大和墨西哥加入。2013年7月，日本加入，这使得TPP在全球经济金融中的影响力进一步增强，TPP成员的GDP总和达到27万亿美元，占全球GDP总量近40%，货物贸易占全球总量三分之一左右。[2]2015年10月5日，12个成员国结束谈判，TPP最终达成，并于2016年2月正式签署。由于TPP专章规定了"国有企业和指定垄断"，使其成为当时在竞争中立问题上标准最高、影响最广的国际协定。根据当时的文本，需要至少占到TPP经济总量85%的六个成员国批准后方可生效，而美国和日本两个国家的经济总量均超过15%，因此如果美国或日本不能完成国内批准程序，TPP就无法生效。由

---

〔1〕　参见王李乐："区域自贸协定竞争问题谈判：现状与发展"，载《国际经济合作》2013年第11期。

〔2〕　金中夏："中国面对TPP的战略选择"，http://misc.caijing.com.cn/chargeFullNews.jsp？id=113377270&time=2013-10-07&cl=106，最后访问时间：2019年12月23日。

于特朗普就职担任美国总统的当天就宣布退出 TPP，导致 TPP 实际"夭折"。但是，在日本的推动下，TPP 剩余 11 国继续推进谈判，在 2018 年 3 月 8 日签署了 CPTPP。CPTPP 修改了生效条件，只需要至少六个成员国或者超过 50% 的成员国批准就可以生效。2018 年 12 月 30 日，CPTPP 得到了六个成员国批准，因此正式生效。

CPTPP 尽管对 TPP 条款进行了必要修改，以便获得剩余 11 国的普遍接受，但是却全文照搬了 TPP 的国有企业规则，一字未改。[1]因 CPTPP 系已生效协定，因此，以下主要从适用范围和实施机制两个方面，对 CPTPP 竞争中立规则予以介绍和分析。

首先，在适用范围上，CPTPP 竞争中立规则不仅约束传统意义上的"国有企业"，即政府拥有"控制权"的企业，也约束所谓的"指定垄断"，即任何政府授予了特定垄断权的私人垄断或政府垄断。即，CPTPP 竞争中立一章适用于所有缔约方的国有企业和指定垄断在自由贸易区内对缔约方间的贸易和投资产生影响的活动，也适用于一缔约方的国有企业对一非缔约方的市场造成不利影响的活动。[2]

根据 TPP 的规定，[3]以下企业将被界定为国有企业：主要从事商业活动[4]，且缔约方在其中：①直接拥有 50% 以上的股

---

〔1〕 CPTPP 第 1 条规定将 TPP 中除第 30.4 条、第 30.5 条、第 30.6 条外的条款及提议方式纳入本协定，因此下文的相关条款仍以 TPP 为准。

〔2〕 参见 TPP 第 17.2 条。

〔3〕 参见 TPP 第 17.1 条。

〔4〕 "商业活动"是指企业从事的以营利为导向，生产货物或供服务、并以由企业决定的数量和价格在相关市场上向消费者销售的活动。非营利性经营或成本回收性经营的企业所从事的活动是不以营利为导向的活动。在相关市场上普遍适用的措施不得被解释为一缔约方对企业价格、生产或供应决策的决定。参见 TPP 第 17.1 条。

份资本；或②通过所有者权益控制 50% 以上投票权的行使（例如通过黄金股）；或③拥有任命大多数董事会或其他同等管理机构成员的权力。

CPTPP 还对竞争中立规则的适用做出了两类例外规定：一类是针对所有成员的一般例外；二是针对特定成员的特殊例外。凡属于以下例外规定的，CPTPP 竞争中立规则不适用。

1. 一般例外（针对所有成员）

第一，不适用于没有达到适用门槛的国有企业和指定垄断。CPTPP 竞争中立规则并非对所有国有企业或指定垄断适用，而是仅适用于在前 3 个连续的财务年度中的任何一年的年收入超过 2 亿特别提款权（约 1.44 亿美元）的国有企业或指定垄断。[1]

第二，不适用于公共服务型国有企业，即不适用于一缔约方的国有企业以履行该缔约方政府职能为目的，专门向该缔约方提供货物或服务。

第三，不妨碍缔约方的相关机构行使国家政策或监管职能，具体包括：①不妨碍缔约方的中央银行或货币主管机关开展监管或监督活动或执行货币和相关信贷政策及汇率政策；②不妨碍缔约方的金融监管机构，包括非政府机构，如证券或期货交易所或市场、清算机构，或其他组织或协会，对金融服务提供者行使监管或监督权；③不妨碍缔约方或其国营企业或国有企业为解散破产中或已经破产的金融机构，或破产中或已经破产的其他主要提供金融服务的企业所从事的活动。[2]

---

〔1〕 根据规定，该门槛金额将每三年调整一次。参见 TPP 附件 17-A。
〔2〕 参见 TPP 第 17.2 条第 2 款、第 3 款、第 4 款。

第四，不适用于缔约方的主权财富基金[1]，但下列情况除外：①第 17.6 条（非商业支持条款）第 1 款和第 3 款适用于缔约方通过主权财富基金间接提供非商业支持；②第 17.6 条（非商业支持条款）第 2 款适用于主权财富基金提供非商业支持。[2]

第五，不适用于缔约方的独立养老基金[3]，或缔约方的独立养老基金拥有或控制的企业，但下列情况除外：①第 17.6 条（非商业支持条款）第 1 款和第 3 款应适用于缔约方直接或间接向独立养老基金拥有或控制的企业提供非商业支持；②第 17.6 条（非商业支持条款）第 1 款和第 3 款适用于缔约方通过独立养老基金拥有或控制的企业间接提供非商业支持。[4]

第六，不适用于政府采购活动。[5]

第七，不适用于投资者-东道国争端解决机制。

第八，特定条款不适用于在行使政府职权时提供的任何服务。比如，第 17.4 条（非歧视待遇和商业考虑）、第 17.6 条（非商业支持）和第 17.10 条（透明度）不适用于在行使政府职

---

〔1〕 主权财富基金是指由一缔约方拥有或通过拥有者权益控制的下列企业：①使用一缔约方的金融资产，仅作为专用投资基金或安排用于资产管理、投资及相关活动；以及②属主权财富基金国际论坛的成员或接受由主权财务基金国际工作组于 2008 年 10 月发布的《公认原则与实践》（"圣地亚哥原则"）或其他可能由缔约方同意的原则与实践；以及包括该企业全资拥有或该缔约方全资拥有但由该企业管理、仅为从事①款所述活动而设立的任何特殊目的工具。参见 TPP 第 17.1 条。

〔2〕 参见 TPP 第 17.2 条第 5 款。

〔3〕 独立养老基金是指由一缔约方拥有或通过拥有者权益控制的如下企业：①专门从事下列活动：（i）对养老金、退休、社会保障、残疾、死亡或职工福利，或其中的任何组合进行管理或提供计划，且仅为作为该计划出资人的自然人及其受益人的利益；（ii）投资此类计划的资产；②对①款所指自然人负有受信责任；③不受缔约方政府投资指示的制约。参见 TPP 第 17.1 条。

〔4〕 参见 TPP 第 17.2 条第 6 款。

〔5〕 参见 TPP 第 17.2 条第 7 款。

权时提供的任何服务。[1]

第九，特定条款不适用于与不符措施相关的购买和销售货物或服务。比如，第17.4条第1款（b）项、第17.4条第1款（c）项、第17.4条第2款（b）项和第17.4条第2款（c）项（非歧视待遇和商业考虑）在缔约方的国有企业或指定垄断根据下列规定购买和销售货物或服务时不适用：①该缔约方依照第9.11条第1款（不符措施）、第10.7条第1款（不符措施）或第11.10条第1款（不符措施），维持、继续更新或修正其附件1减让表或附件3减让表A节所规定的任何不符措施。②该缔约方依照第9.11条第2款（不符措施）、第10.7条第2款（不符措施）或第11.10条第2款（不符措施），采取或维持其附件2减让表或附件3减让表B节所规定的有关部门、分部门或活动的任何不符措施。[2]

第十，特定条款不适用于经济危机或根据政府授权提供特定金融服务的情况。具体包括：①第17.4条（非歧视待遇和商业考虑）和第17.6条（非商业支持）不得解释为：（a）妨碍任何缔约方采取或实施措施，以临时应对全国或全球经济紧急状况；（b）适用于缔约方为应对全国或全球经济紧急状况而在紧急状况期间对其临时采取或实施措施的国有企业。②第17.4条第1款（非歧视待遇和商业考虑）不适用于国有企业根据政府授权提供金融服务，如其所提供的金融服务：（a）支持出口或进口，如该服务：（i）无意取代商业金融，或（ii）提供条件不优于从商业市场上获得的类似金融服务；或（b）支持该缔约方领土之外的私人投资，如该服务：（i）无意取代商业金融，或（ii）提供的条件不优于自商业市场上获得类似金融服务；或

---

[1]　参见 TPP 第 17.2 条第 10 款。
[2]　参见 TPP 第 17.2 条第 11 款。

(c) 如在安排的范围之内，以与安排相一致的条件提供。③如金融服务提供所在的缔约方要求建立本地存在以提供此类服务，国有企业根据政府授权提供金融服务应视为不造成第 17.6 条第 1 款（b）项和第 17.6 条第 2 款（b）项（非商业支持）、第 17.6 条第 1 款（c）项或第 17.6 条第 2 款（c）项（非商业支持）下的不利影响，如该金融服务的提供：（a）支持出口和进口，如该服务：(i) 无意取代商业金融，或 (ii) 提供的条件不优于自商业市场上获得类似金融服务；或（b）支持该缔约方领土之外的私人投资，如该服务：(i) 无意取代商业金融，(ii) 提供的条件不优于自商业市场上获得类似金融服务；(c) 如在安排的范围之内，以与安排相一致的条件提供。④第 17.6 条（非商业支持）不适用于因其丧失抵押品赎回权或与债务违约有关的类似行为，或与第 2 款和第 3 款所指金融服务提供相联系的保险索赔支付，而由一缔约方的国有企业临时取得其拥有权的一位于该缔约方领土之外的企业，如该缔约方及其国营企业或国有企业在临时拥有权期间向该企业提供的任何支持均是为收回该国有企业根据重组或清算计划而进行的投资，而该计划将导致该企业股权的最终过户。⑤第 17.4 条（非歧视待遇和商业考虑）、第 17.6 条（非商业支持）、第 17.10 条（透明度）和第 17.12 条（国有企业和指定垄断委员会）不适用于在前 3 个连续的财务年度中的任何一年，自商业活动获得的年度收入低于依照附件 17-A 计算的门槛金额的国有企业或指定垄断。[1]

最后，竞争中立一章不得解释为妨碍缔约方：①设立或维持国营企业或国有企业；或②指定垄断者。[2]

---

[1] 参见 TPP 第 17.13 条。
[2] 参见 TPP 第 17.2 条第 9 款。

2. 特殊例外（针对特定的 CPTPP 成员）

第一，对"次中央政府"（Sub-central Governments）[1]国有企业和指定垄断的适用做出了例外规定。[2]根据第 17.9 条第 2 款（缔约方特定附件），附件 17-D 列出了特定成员不适用特定义务的情况。值得注意的是，根据该附件，几乎排除了美国所有的州和地方政府国有企业和指定垄断适用竞争中立规则的可能性。

第二，针对特定成员（比如新加坡和马来西亚），专门制定了附件。[3]比如，根据附件 17-E 的规定，第 17.4 条第 1 款（非歧视待遇和商业考虑）不适用于新加坡的主权财富基金拥有或控制的国有企业；除特殊情况外，第 17.6 条第 2 款（非商业支持）不适用于新加坡的主权财富基金拥有或控制的国有企业；关于新加坡的主权财富基金拥有或控制的国有企业，新加坡将被视为符合第 17.10 条第 1 款（透明度）的规定。再比如，根据附件 17-F 的规定，CPTPP 竞争中立章的义务不适用于马来西亚国民投资公司或马来西亚国民投资公司拥有或控制的企业，以及朝圣基金局或该局拥有或控制的企业。

第三，成员对不符措施的安排。根据附件 4 的规定，缔约方在该附件下的减让表根据第 17.9 条第 1 款（缔约方特定附件）列出下列部分或全部义务对其不适用的国有企业或指定垄断的不符活动：①第 17.4 条（非歧视待遇和商业考虑）；②第 17.6 条（非商业支持）。

---

〔1〕 "次中央政府"指缔约方的地区和地方层级的政府。
〔2〕 参见 TPP 附件 17-D。
〔3〕 针对新加坡的附件参见 TPP 附件 17-E；针对马来西亚的附件参见 TPP 附件 17-F。

第四，特殊附件中的其他灵活性，如淡马锡（Temasek）、新加坡政府投资公司（GIC）、马来西亚国民投资公司（Permodalan Nasional Berhad）、马来西亚由马来西亚国库控股公司（Khazanah Nasional Berhad）等享受为期两年的有关争端解决条款的优惠。

其次，CPTPP 竞争中立规则的实施机制可以概括为以下几个方面：

1. 行为规则

第一，确保国有企业和指定垄断在购买或出售垄断商品或服务时，完全基于"商业考虑"[1]和"非歧视原则"（国民待遇和最惠国待遇）开展行为（包括价格、质量、运输以及购买或出售的其他条款和条件）。[2]

第二，以国家对国有企业和指定垄断的"非商业支持"[3]为主要规制对象，确保任何缔约方不向国有企业和指定垄断提供非商业支持，并对其他缔约方造成不利影响和损害。第 17.6 条（非商业支持的界定）、第 17.7 条（不利影响）和第 17.8 条（损害）可以说是 CPTPP 竞争中立章的核心条款，是竞争中立规则在国际层面的落实。CPTPP 禁止缔约方向国有企业和指定

---

〔1〕 商业考虑指价格、质量、可获性、适销性、运输和其他购买或销售的条款和条件；或相关商业或行业的私营企业在商业决策中通常考虑的其他因素。参见 TPP 第 17.1 条。

〔2〕 参见 TPP 第 17.4 条。

〔3〕 非商业支持指因政府对国有企业的所有权或控制而给予该国有企业的帮助。非商业支持不包括：①企业集团、包括国有企业的集团内交易（如集团的母公司和子公司之间，或集团的子公司之间），如正常商业惯例要求在报告集团财务状况时排除此类交易；②国有企业之间与私营企业公平交易的惯例相一致的其他交易，或③一缔约方将自出资人处收取的用于养老金、退休、社会保障、残疾、死亡或职工福利计划，或其中的任何组合的资金，转移至一独立的养老基金，以代表出资人及其受益人进行投资。参见 TPP 第 17.1 条。

垄断提供非商业支持而造成对其他缔约方的不利影响。

其一，政府和国有企业均可以成为提供非商业支持的主体。

其二，不利影响是指：①获得非商业支持的一缔约方的国有企业或指定垄断的货物生产和销售取代或阻碍该缔约方市场从另一缔约方进口同类货物，或作为该缔约方领土内涵盖投资的企业所生产的同类货物的销售。②获得非商业支持的一缔约方的国有企业或指定垄断的货物生产和销售取代或阻碍：（i）作为另一缔约方领土内涵盖投资的企业生产的同类货物在该另一缔约方市场的销售，或对另一缔约方同类货物的进口；（ii）一非缔约方市场从另一缔约方进口同类货物。③获得非商业支持的一缔约方的国有企业生产的货物和销售的货物价格大幅削减。④获得非商业支持的一缔约方的国有企业提供的服务取代或阻碍另一缔约方或第三缔约方的服务提供者从该另一缔约方市场上提供的服务。⑤由获得非商业支持的一缔约方的国有企业在另一缔约方市场上提供的服务，相较于该另一缔约方或第三缔约方的服务提供者在相同市场上提供的同类服务，价格大幅削减，或在相同市场上存在显著价格抑制、价格压低或销售损失。[1]

其三，损害的规定与WTO《反倾销协定》中规定的损害如出一辙，都是包括了对一国内产业的实质损害、实质损害威胁或对一国内产业的建立有实质阻碍。

2. 透明度规则[2]

第一，各缔约方应自本协定对该缔约方生效之日起6个月内，向其他缔约方提供或通过官方网站公布其国有企业名单，且此后应每年更新。

---

〔1〕　参见 TPP 第 17.7 条。
〔2〕　参见 TPP 第 17.10 条。

第二，各缔约方应迅速向其他缔约方通报或通过官方网站公布对垄断的指定或对现有指定垄断范围的扩大及其指定条件。

第三，经另一缔约方书面请求，如该请求包括一国有企业和指定垄断的活动可能如何影响各缔约方之间的贸易和投资的解释，则一缔约方应迅速提供关于该实体的股权结构、董事会任职、年收入和总资产以及法律方面的免责和豁免等信息。

第四，经另一缔约方书面请求，如该请求包括对政策或项目如何影响或可能影响缔约方之间贸易和投资的解释，一缔约方应迅速书面提供其采取或维持的规定提供非商业支持的政策或项目的信息。且一缔约方进行答复时提供的信息应足够具体，以便请求的缔约方理解政策或项目的运作，并对之及其对缔约方之间贸易和投资的影响或潜在影响开展评估。

第五，当一缔约方根据本条的请求提供书面信息并通知请求的缔约方其认为相关信息涉密，则请求的缔约方未经提供信息的缔约方事先同意，不得披露该信息。

3. 专门机构[1]

CPTPP专门设立"国有企业和指定垄断委员会"[2]，由每一缔约方的代表组成，其主要职能包括：第一，审议和考虑竞争中立章的实施；第二，应缔约方请求，对竞争中立一章下产生的任何事项进行协商；第三，在自由贸易区内促进竞争中立一章所体现的原则，并为在两个或更多缔约方参与的其他区域和多边机构制定类似规则做出贡献；第四，开展该委员会同意的其他活动。

除非缔约方另有议定，否则委员会应自本协定生效之日起1年内举行会议，并在此后至少每年举行1次会议。委员会根据

[1] 参见TPP第17.12条。
[2] 参见TPP第17.12条。

缔约方共同决定，可通过面对面、电话会议、视频会议或其他方式召开会议。

此外，CPTPP 还要求各缔约方保证给予其法院对于在其领土内从事的一商业活动，针对一外国所有或通过所有者权益控制的企业提起的民事诉讼的管辖权。各缔约方还应保证，该缔约方设立或维持的监管国有企业的任何行政机构以公正的方式对其所监管的企业（包括非国有企业）行使监管的自由裁量权。

4. 争端解决机制

TPP 分别在第 9 章投资与第 28 章争端解决规定了两种争端解决机制，前者是以《解决投资争端国际中心公约》（以下简称《华盛顿公约》）为基础设计的投资者—东道国投资争端解决机制，后者是以 WTO 争端解决机制为基础设计的缔约国—缔约国争端解决机制。

尽管 TPP 竞争中立一章不适用投资者—东道国争端解决机制，但是却适用一般性的争端解决机制（缔约国—缔约国争端解决机制），缔约方可以基于非歧视待遇、商业考虑和非商业支持等条款发起诉讼。比如，TPP 第 17.15 条规定，附件 17-B 应适用于第 28 章（争端解决）下关于缔约方与第 17.4 条（非歧视待遇和商业考虑）和第 17.6 条（非商业支持）相符性的任何争端。

（二）USMCA 的竞争中立

2018 年 11 月 30 日，在 G20 峰会期间，美国、加拿大及墨西哥三国领袖签订了被称为"新版 NAFTA"的 USMCA，取代原先实施了 24 年的 NAFTA。尽管仍需三国国会的批准才能生效，但从各方情况来看，USMCA 在 2019 年或 2020 年最终生效的可能性极大。与 TPP/CPTPP 一样，USMCA 专章规定了"国有企业和指定垄断"，竞争中立规则大同小异，基本上可视为对 TPP/

CPTPP 的进一步发展和完善。

首先，USMCA 增加了国有企业的界定标准。除了主要从事商业活动、50%以上股权、50%以上投票权、董事会或其他管理机构的多数任命权等 TPP/CPTPP 中已有的界定标准外，还增加了"决策权"标准：如果通过任何其他所有者权益，包括少数股东权益，拥有对企业的控制权，比如可以决定或指示影响企业的重大事项，也可被认定为国有企业。[1]

其次，USMCA 进一步增强了透明度规则。在美国其他早期的自贸协定中，如一缔约方对另一缔约方提出信息披露申请，一般应指出所涉实体，列明所涉市场，并包含可能限制协定各方贸易或投资做法的"指证"。但是在 TPP/CPTPP 之中，一是增加了"主动披露"条款，二是增加了"应请求披露影响贸易或投资的行为"的内容（披露信息包括国有股权比例、特殊股份或投票权情况、政府官员任职情况、企业收入和资产情况、法律豁免情况和其他可公开获得的财务或审计信息等），且不再有指证要求。在 USMCA 之中，更进一步规定了"应请求披露非商业支持与股权注资"的内容（披露信息包括非商业支持的形式、援助机构、援助金额、援助时间、法律依据等）。

再次，USMCA 进一步拓展了非商业支持规则。一是将非商业支持重新定义为"限定于特定企业的支持"，并将特定企业界定为"一个企业或产业或者一些产业或企业"，改变了 TPP/CPTPP "凭借国有企业的政府所有权或控制权而给予国有企业的支持"的定义，实际上拓展了非商业支持的适用范围。与此对应，对"支持"的列举范围也有所扩大，除了 TPP/CPTPP 已列举的"直接的资金转移，或潜在的直接资金或债务转移，包

---

[1] 参见 USMCA 第 22.1 条。

括拨款或债务豁免，贷款、担保和融资，股本注资；提供一般基础设施之外的货物或服务"之外，还新增了"采购货物"（但是仅限于货物，不包括服务）。二是规定了"禁止性"非商业支持，即禁止给生产和销售货物（电力除外）的国有企业提供下列非商业支持：①一个国营企业或国有企业给信用不佳的国有企业提供贷款或贷款担保；②一缔约方或该缔约方的国营企业或国有企业，给一个破产或处于破产边缘并且在合理时间内无可信的重组计划的国有企业提供非商业支持；③一缔约方或该缔约方的国营企业或国有企业，以与私营投资者通常做法不符的方式，将一个国有企业的债务转为股份。如属于以上情况，可直接视为对特定企业的支持。[1]同样，上述规定仅限于货物，不包括服务。但是禁止给信用不佳企业提供贷款或贷款担保，以及对挽救破产企业和实施"债转股"施加限制的做法，显然与我国传统救助国有企业的做法相悖。

此外，在非歧视、商业考虑、豁免和例外规定等方面，USMCA基本上与TPP/CPTPP的规则类似。

表2-2　NAFTA、TPP/CPTPP 和 USMCA 竞争中立规则对比

	NAFTA	TPP/CPTPP	USMCA
国企定义	国营企业：一般定义与国家个别定义相结合	国有企业：统一定义	国有企业：统一定义

---

〔1〕　参见 USMCA 第 22.1 条和第 22.6 条。

续表

		NAFTA	TPP/CPTPP	USMCA
具体义务	提前告知和最低损害义务	有规定（第1502.2条）	无规定	无规定
	非歧视义务	有规定（第1502.3条和第1503.3条）	有规定，且更为具体，并明确了标准（第17.4条）	有规定，与TPP/CPTPP类似（第22.4条）
	商业考虑	有规定（第1502.3条）	有规定（第17.4条）	有规定（第22.4条）
	不滥用垄断地位义务	有规定（第1502.3条）	沿袭NAFTA的规定（第17.4条）	沿袭NAFTA的规定（第22.4条）
	非商业支持	无规定	有规定（第17.6条）	在TPP/CPTPP基础上有所拓展（第22.6条）
	透明度义务	无规定	有规定（第17.10条）	在TPP/CPTPP基础上有所拓展（第22.10条）
	技术合作义务	无规定	有规定（第17.11条）	与TPP/CPTPP一致（第22.11条）

（三）其他双边协定的竞争中立

实际上，美国在NAFTA和诸多双边协定中早就"嵌入"了竞争中立条款，只不过TPP和USMCA进一步深化和拓展了这些规则。比如，美国与澳大利亚、智利、哥伦比亚、秘鲁和韩国的自由贸易协定中，都有针对国有企业的论述。虽然具体细节有所不同，但这些协议中，大多含有国民待遇、非歧视和透明度的规定，同时赋予了国家享有建立和维持国有企业的特权。《美国-新加坡自由贸易协定》（Singapore-US FTA）《美国-韩国自由贸易协定》（KORUS）对国有企业作了更为广泛的规定。TPP 和 USMCA 的竞争中立规则在很大程度上正是在这两个协定的基础上发展起来的。

美韩自贸协定和美新自贸协定中最主要的条款体现在以下方面：

（1）竞争法：缔约方应制定和实施竞争法并建立竞争执法机构。[1]

（2）正当程序：缔约方应确保被调查人提出证据抗辩的权利（包括交叉质证和质证证人的权利）、确保能够实施司法审查、确保制定并公开行政调查的程序规则。[2]

（3）国有企业：①缔约方应确保国有企业在行使任何政府授予的任何规制的、行政的或其他职权时（比如征收、授予许可证、批准商业交易、实施配额管制、收费等权力），不得违背缔约方在协议中承担的义务；②同时，确保在出售其商品或服务时提供非歧视待遇。[3]

（4）指定垄断：①缔约方应确保其指定的任何私人垄断在行使任何政府授予的任何规制的、行政的或其他职权时（比如征收、授予许可证、批准商业交易、实施配额管制、收费等权力），不得违背缔约方在协议中承担的义务；②确保指定垄断在相关市场提供垄断产品或服务时，完全基于商业考虑；③对其他缔约方提供非歧视待遇；④确保指定垄断不得利用其垄断地

---

［1］ See Singapore-US FTA, Art. 12-2（1），Art. 12-2（2）.（笔者译）

［2］ See KORUS, Art. 16-1（3-6）.（笔者译）

［3］ See KORUS, Art. 16-3.（笔者译）

位直接或间接地在其所在的非垄断市场实施反竞争行为。[1]

（5）透明度：应一方的请求，任何缔约方应给另一方提供以下信息：①竞争执法信息；②免除和豁免竞争法的情形；③任何政府层级的国有企业和指定垄断情况。并且，每一缔约方应确保所有认定违反竞争法的最终行政决定以书面形式列明决定据以作出的事实依据、推理和法律分析。[2]

值得注意的是，在上述自贸协定中，美国往往给对方施加了大大超过自己所承受的义务。比如，在美新自贸协定中，国有企业的界定对于美国和新加坡而言是不同的：对于美国而言，国有企业是指"政府通过所有权利益所有或控制的企业"；对于新加坡而言，国有企业是指"政府具有有效影响的企业"。所谓"有效影响"，是指政府及其国有企业单独或联合拥有某实体超过50%的投票权，或对该实体董事会的董事或其他任何管理机构的组成人员，或该实体的管理、运营具有实质影响，能够决定该实体战略、财务或操作政策或计划的结果。当政府及其国有企业单独或联合拥有某实体超过20%但是少于50%的有表决权股份且是该实体最大的股东时，推定政府对该实体具有实质影响。[3]可见针对美国的标准是模糊的，主体是狭窄的，而针对新加坡的标准是具体的，主体是宽泛的。而且，上述协定还规定，新加坡政府必须确保任何政府企业"在购买或出售商品或服务时只能基于商业考虑行动"，并且新加坡应该公布满足协议标准的实体的清单，包括该实体的所有制结构、担任董事会

---

　〔1〕　See KORUS, Art. 16-2.（笔者译）

　〔2〕　See KORUS, Art. 16-5.（笔者译）

　〔3〕　See USTR, "United States-Singapore Free Trade Agreement", http://www.ustr.gov/sites/default/files/uploads/agreements/fta/singapore/asset_ upload_ file708_ 4036. pdf, p. 138. 最后访问时间：2019 年 12 月 24 日。（笔者译）

成员的政府成员、资产的总收入等。[1]但是，对于美国自己没有类似的约束。

（四）对美国版竞争中立的评价

美国在国际层面推行竞争中立既有战略考虑，也是对国内产业界呼声的回应。早在 2011 年 4 月，就有六大行业协会致函美国贸易代表柯克，要求通过约束国有企业，遏制其对民营企业产生的不公平的优势。[2]美国两党在国会的许多议员也都向国会施压，要求美国在贸易协定中限制国有企业。[3]美国前副国务卿罗伯特·D. 霍马茨（Robert D. Hormats）更是把政府支持的竞争模式称为"国家资本主义"，并认为中国是当今最为成功的"国家资本主义"践行者，认为"国家资本主义"及其采取的政策和规模，在许多情况下扭曲了全球市场的贸易和投资模式。[4]因此，对于美国而言，通过双边或区域贸易协定建立具有约束力和影响力的竞争中立规则，是应对包括中国在内的具有强大国有经济的发展中经济体不断增强的国际竞争力的一种方式。

美国曾一度提出了相比于澳大利亚和 OECD 建议的标准都高的竞争中立规则。比如，在国有企业的界定方面，美国服务

---

〔1〕　See Id, pp. 133~140.（笔者译）

〔2〕　See Mireya Solis, "Last Train for Asia-Pacific Integration? U. S. Objectives in the TPP Negotiations", *Waseda University Organisation for Japan - US Studies Working Paper*, No. 201102, 2011, p. 14.（笔者译）

〔3〕　See United States Senate Committee on Finance, "The Trans-Pacific Partnership: Opportunities and Challenges", http://www. finance. senate. gov/hearings/the - trans - pacific-partnership-opportunities-and-challenges. 最后访问时间：2019 年 12 月 24 日。（笔者译）

〔4〕　See Robert D. Hormats, "Ensuring a Sound Basis for Global Competition: Competitive Neutrality", Under Secretary for Economic, Energy and Agricultural Affairs, Washington D. C. , http://2009-2017. state. gov/e/rls/rmk/20092013/2011/163472. htm. 最后访问时间：2019 年 12 月 24 日。（笔者译）

业联合协会和美国商会发布的报告称，只要一个企业或者企业的附属企业或关联企业的多数股份被政府所持有，或在法律上或事实上被控制，或被政府授予排他性的权利，或被赋予特殊的法律或监管优势，或受国家政策影响而从事特定行为的，都应被视为国有企业。[1] 在 TPP 的第 12 轮谈判中，美国更是提出：国有企业控股达到 20% 的企业，也适用国有企业竞争中立条款，同时要承担比私营企业更高的信息披露责任。[2] 美国试图将所有与政府相关或受政府影响的企业都纳入到竞争中立调整范围，而非仅仅针对传统意义上政府享有控制权的企业。

在竞争中立规则的实施机制方面，美国也提出了相比于澳大利亚和 OECD 更加激进的主张。这在 TPP/CPTPP 和 USMCA 中已经做到了：竞争中立规则的实施并没有要求进行成本收益分析，即只要国有企业或指定垄断存在违反竞争中立规则的情况，就可以通过竞争中立机制予以消除，不会因为实施竞争中立可能产生的收益小于实施本身的成本就放弃实施竞争中立。

可见，在美国看来，澳大利亚版和 OECD 版竞争中立都属于"旧版"竞争中立，美国意欲建立的是能够对所有政府支持的垄断形式予以全面打击的"新版"竞争中立。[3] 新版竞争中立的短期目标是建立一套竞争中立规则，约束政府支持下的垄断企业的竞争行为，长期目标则是在尽可能多的领域消除国有

---

[1] 参见伍穗龙："美国对受政府控制投资者国际规制的态度演变——兼论其近年来的规则和逻辑"，载《中国流通经济》2016 年第 7 期。

[2] 参见毛志远："美国 TPP 国企条款提案对投资国民待遇的减损"，载《国际经贸探索》2014 年第 1 期。

[3] See Derek Scissors, "Why the Trans-Pacific Partnership Must Enhance Competitive Neutrality", http://www.heritage.org/research/reports/2013/06/why-the-trans-pacific-partnership-must-enhance-competitive-neutrality. 最后访问时间：2019 年 12 月 24 日。（笔者译）

企业的存在。

尽管美国决心很大，但是要在国际层面达成竞争中立规则的一致意见并非易事。在 TPP/CPTPP 的成员中，马来西亚、墨西哥、新加坡和越南，最大的公司都是国有企业；日本第二大和第三大公司也是国有企业；文莱规模最大的公司有一半属于国有。[1]因此，在 TPP 谈判过程中，越南、马来西亚、新加坡、秘鲁和智利等国都曾表示过反对意见。比如，新加坡的投资控股公司淡马锡就对在 TPP 中确立更为严格的竞争中立规则表达了担心，认为美国提出的规则将会使其在与私营企业竞争时处于劣势。[2]越南也公开表示对美国提出的关于国有企业的谈判文本的担忧。越南有大约 1 000 家国有企业，对它们进行改制使其顺应自由市场规则，可能对国家的经济产生重大影响。[3]考虑到越南的国有企业占其 40% 的国内生产总值，它也是最有可能挑战美国竞争中立提案的国家。[4]

尽管如此，上述国家最终都接受了 TPP/CPTPP 的竞争中立规则。但是，最终达成的协议在竞争中立问题上做出了诸多"例外"规定，在很大程度上削减了竞争中立规则有可能对国有经济和国有企业产生的重大影响。

当然，在美国国内，也并非所有人都认为需要在区域贸易

---

〔1〕 See Kimberly Amadeo, "Trans-Pacific Partnership Summary, Pros and Cons: What Does Trump's Examtive Order to Withdraw from the TPP Mean?", http://useconomy. about. com/od/Trade-Agreements/fl/What-Is-the-Trans-Pacific-Partnership. htm. 最后访问时间：2019 年 12 月 24 日。（笔者译）

〔2〕 参见毛志远："美国 TPP 国企条款提案对投资国民待遇的减损"，载《国际经贸探索》2014 年第 1 期。

〔3〕 See William Krist, "Negotiations for a Trans-Pacific Partnership Agreement", *Wilson Center Program on America and the Global Economy*, p. 19. （笔者译）

〔4〕 See "Vietnam Rejects U. S. Push on State Firms in Trade Talks", *The Financial Express*, October 30, 2011. （笔者译）

协定中加入竞争中立条款。美国国内也存在国有企业，如"美国联邦国民抵押联合会"（Federal National Mortgage Association）（房利美）和"美国邮政服务"（U. S. Postal Service）。这些企业由政府经营，并提供以市场为导向的产品。尽管数量不多，但是却具有较强的影响力，能够影响政府决策。与大多数贸易谈判一样，美国不会全然不顾国内国有企业的利益，在竞争中立的制度设计上，会考虑平衡进攻性利益和防守性利益。[1]

尽管如此，TPP/CPTPP 和 USMCA 的竞争中立规则仍然是目前国际上标准最高、影响范围最广的国际竞争中立规则。而且，还要注意到，上述规则是一个"动态规则"，存在进一步改进的巨大空间。比如，根据规定，TPP/CPTPP 生效后 5 年内，缔约方应举行进一步谈判，以依照附件 17-C 扩大竞争中立规则的适用。[2]附件 17-C 规定，协定生效后 5 年内，各缔约方应开展进一步谈判以扩大下列各项的适用：①将竞争中立章的规则扩展至"次中央政府"拥有或控制的国有企业和指定垄断，如此类活动已列入各缔约方的附件 17-D 减让表中；②扩展第 17.6 条（非商业支持）和第 17.7 条（不利影响）的影响范围，以解决通过国有企业提供服务对非缔约方市场产生的影响。再比如，根据规定，国有企业和指定垄断的适用门槛金额每 3 年调整一次。这些都体现出了美国版竞争中立规则的前瞻性。可以预见，上述竞争中立规则在将来只会更加"严格"，而不会降低标准。

〔1〕 See Mireya Solis, "Last Train for Asia-Pacific Integration? U. S. Objectives in the TPP Negotiations", *Waseda University Organisation for Japan - US Studies Working Paper*, No. 201102, 2011, p. 14. （笔者译）

〔2〕 参见 TPP 第 17.14 条。

三、欧盟版的竞争中立

OECD 认为，最早以成文法形式采纳竞争中立原则的是欧盟，竞争中立原则已为《欧共体条约》承认长达五十多年之久。[1]由于欧盟是一个"超国家"机构，其立法相当于对欧盟成员国适用的"国际条约"。尽管欧盟的相关立法中并没有出现"竞争中立"的字眼，但是以实现欧盟经济一体化为主要目标的《欧盟运行条约》中的相关规则（特别是竞争规则和国家援助控制规则），在实际上具有竞争中立的内涵和效果。[2]此外，在 TTIP 谈判中，在涉及国有企业和竞争中立条款时，欧盟的主张也基本上是建立在《欧盟运行条约》已有规则的基础之上。因此，可以说欧盟也具有"实质上"的竞争中立政策。

欧盟主要通过竞争法实施竞争中立。《欧盟运行条约》第 106 条明确规定公共企业（Public Undertaking）[3]受竞争规则约束，各成员国无权违反这一规定；同时，条约赋予了欧盟委员会相应的执行权，向国有企业或成员国政府发出指令要求其停止违反竞争规则的行为。除此之外，国有企业同样适用条约有

---

〔1〕　See OECD, "Discussion on Corporate Governance and the Principle of Competitive Neutrality for State-owned Enterprises-European Commission", *OECD Working Party No. 3 on Co-operation and Enforcement*, 2009, pp. 2~3.（笔者译）

〔2〕　《欧盟运行条约》中体现竞争中立内涵的规定主要是第 101 条至 109 条。其中，第 101 条和第 102 条规范垄断协议和滥用市场支配地位行为，第 103 条至 105 条确保在欧盟层面和各成员国层面实施第 101 条和第 102 条，第 106 条是对国有企业及成员国授予特别或专有权利的企业的专门约束，第 107 条至 109 条是对国家援助行为的控制。相关条文参见：Consolidated Versions of the Treaty on European Union and the Treaty on the Functioning of the European Union, Official Journal of the European Union, 26. 10. 2012, pp. 1~390.

〔3〕　欧盟层面的"公共企业"基本等同于"国有企业"，以下在使用时这两个词时视为具有同样含义。

关国家援助的规则。也正是如此，OECD 认为，欧盟在竞争法中确认竞争中立的做法，形成了通过竞争立法和执法的事后调节机制解决竞争中立问题的"欧盟模式"。[1]

（一）欧盟竞争中立规则的基本构成和适用范围

欧盟竞争中立规则主要由竞争法规则和国家援助控制规则组成。

首先，根据《欧盟运行条约》第 106 条的规定，对于公共企业及成员国授予专有权利（Exclusive Rights）或特别权利（Special Rights）的企业，成员国不得指定也不得保留与条约的竞争规则相抵触的任何措施。换句话说，所有的企业（不论是国有企业还是私人企业）都必须遵守欧盟层面的竞争规则，禁止实施垄断协议、滥用市场支配地位行为和具有限制竞争效果的经营者集中行为。在必要的情况下，欧盟委员会还可以通过针对成员国作出指令或决定的方式保证该条规定的实施。但是，对于受托从事具有为普遍经济利益服务（Services of General Economic Interest，GEIs）意义的活动之企业或具有产生财政收入之垄断性质的企业，如果条约所包含的规则在法律上或事实上妨碍了这些企业完成指派给他们的任务，这些企业可以不遵守条约包含的规则（包括竞争规则）。

"公共企业"是指政府当局根据所有权、资金参与或相关立法，能够直接或间接地对其施加支配性影响的企业。如果政府当局与企业之间存在以下直接的或间接的关系，则可以推定为存在"支配性影响"：①持有企业注册资本的绝大部分；②根据企业股本控制企业绝大多数投票权；③可以任命企业超过一半

---

[1] See OECD, "Discussion on Corporate Governance and the Principle of Competitive Neutrality for State-owned Enterprises-European Commission", *OECD Working Party No. 3 on Co-operation and Enforcement*, 2009, pp. 2~3.（笔者译）

以上的董事会、监管层和管理机构人员。

"专有权利"是指成员国通过立法、监管或者行政手段授予某个企业的权利，使其在给定的地理范围内保留提供服务或者从事一项活动的权利。

"特别权利"是指成员国通过立法、监管或者行政手段授予一定数量的企业在一定地理范围内可以行使的权利。

"普遍经济利益服务"与普通服务不同，其必须是在市场中无法赚取足够回报的服务，而该服务又是每个人都必需的，因此政府必须提供。[1]

其次，《欧盟运行条约》第107条第1款对成员国实施的一切国家援助行为做出了禁止性规定："除非两部条约另有规定，否则，由某一成员国提供的或通过无论何种形式的国家资源给予的任何援助，凡通过给予某些企业或某些商品的生产以优惠，从而扭曲或威胁扭曲竞争，只要影响到成员国之间的贸易，均与内部市场相抵触"；第2款和第3款则是对第1款的豁免规定，分别列举了"不与内部市场抵触"和"可视为不与内部市场抵触"的国家援助类型。同时，第108条和第109条确立了欧盟国家援助的程序框架。此外，《欧盟运行条约》第42条、第346条、第106条、第93条、第14条及第26号议定书对欧盟国家援助做出了适用除外的规定。

（二）欧盟国家援助控制规则的实施机制

正如TPP/CPTPP和USMCA中对国有企业和指定垄断的约束主要是通过防止"非商业支持"来实现，欧盟的竞争中立规则主要体现在"国家援助控制制度"之中。

---

[1] See http://eur - lex. europa. eu/legal - content/EN/TXT/? uri = URISERV：l26087. 最后访问时间：2019年12月11日。

1. 将国家援助分为三类

由于国有企业的竞争优势主要来源于政府的各种"援助"或"补贴"，《欧盟运行条约》第 107 条将欧盟层面的国家援助分为了"与共同体市场相抵触的国家援助""可能与共同体市场相抵触的国家援助"和"与共同体市场相协调的国家援助"三大类。对于与共同体市场相抵触的国家援助一律禁止，对于可能与共同体市场相抵触的国家援助则需由欧盟理事会或欧盟委员会来认定是否可以享受豁免，对于与共同体市场相协调的国家援助，则直接予以放行。

2. 专门的实施机构

首先，欧盟委员会竞争总司国家援助部负责审查国家援助的申报案件，并实施调查和作出处罚决定。竞争总司由三个副司级业务部门构成，分别为合并控制部、反托拉斯部和国家援助部。其中国家援助部由两个处组成：H 处主要负责国家援助的审查和执行，R 处主要负责国家援助的受理、档案管理和技术支持等。

其次，欧盟法院具有司法审查权。欧盟法院包括欧盟综合法院、欧洲法院以及公共服务机构裁判庭。其中，欧盟综合法院负责初审欧盟国家案件，欧洲法院负责审查综合法院的上诉案件、欧盟机构决定的撤销案件以及欧盟委员会不作为、成员国不履行义务的案件。国家援助案件由数名法官组成的合议庭来审理，合议庭一般为 3 名或 5 名法官，由其中的一位撰写判决书，由另一名法律总顾问提供审理意见；只有极少数案件由 13 名法官组成的大法庭审理。两个法院不具备执行判决的能力，但是它们的生效判决具有最高法律效力，欧盟及成员国各机构、团体应当依法执行。因此，欧盟法院能够对欧盟委员会的工作进行监督。欧盟法院不仅拥有两部条约的最终解释权，有权判定成员国政府是否违背了条约义务，[1]判断欧盟行政机关是否行政不作为，[2]还可以撤销欧盟任何行政机关作出的一切裁决、规定。[3]

最后，成员国法院的职能。成员国法院在下列情况下可以受理国家援助案件：①受援人认为它获得的优惠不构成国家援助，因此无须通过成员国政府向欧盟委员会申报；②当欧盟委员会作出不予批准援助的决定，实施的援助被判收回时，受援人可以申请不予执行；③受援人的竞争者或利益相关人可以申请援助违法，或针对欧盟委员会批准援助的决定申请无效判决，从而阻止政府实施援助。

3. 国家援助规则的实施程序

第一，事先申报。在欧盟的国家援助控制制度下，任何欧盟成员国为企业提供新的国家援助或对现有的援助措施进行更改，都必须事先向欧盟委员会进行申报。在欧盟委员会作出最终认定之前，成员国不得实施国家援助行为，否则将被认定为非法行为。

第二，事中审查。在收到申报后，欧盟委员会要对国家援助开展审查。对于已经存在的国家援助，欧盟委员会也可以主动开展调查措施。欧盟委员会会先进行初步审查。初步审查的期间大约为20个工作日，但是最长不得超过2个月。初步审查的结果通常有三类：一是认为某项措施不构成援助，则委员会直接做出决定，认定该措施不是国家援助；二是认为某项措施虽构成国家援助，但可以满足国家援助的豁免例外情况，则欧盟委员会应当作出通过的决定，但应当指明该措施具体适用

---

〔1〕　参见《欧盟运行条约》第258条。

〔2〕　参见《欧盟运行条约》第265条。

〔3〕　参见《欧盟运行条约》第263条和第264条。

《欧盟运行条约》第107条中的哪项豁免；三是认为该等措施违法，则应启动正式调查程序。[1]在进入正式审查程序之后，委员会应当在18个月内作出处理决定，但是在特殊情况下，或者在成员国没有及时提供信息的情况下，审查期限可能无限延长，在有些案例中甚至达到了33个月之久。[2]

第三，事后救济。欧盟委员会有权根据《欧盟运行条约》直接处理涉及成员国国有企业的经济问题。在作出附条件批准援助或者不予批准援助的决定之后，欧盟委员会可以视情况，要求成员国政府修改、停止实施或收回援助，并监督执行。[3]如果成员国的国有企业违反了竞争法的相关规定，欧盟委员会可以作出决定要求企业停止相关措施，并且可以对其进行相应罚款。如果该成员国的国有企业是在受政府扶持或影响下违反竞争法的规定（比如政府要求企业设定倾销性价格），欧盟委员会可以直接对其成员国的政府下达停止此类措施的强制性决定。[4]

第四，司法审查。授予援助的成员国、授予援助的成员国的机构、接受国家援助的受益企业、利益受到国家援助影响的竞争企业以及援助所针对的行业协会均可提起诉讼，但是必须在欧盟委员会决议公布之日起两个月之内提起诉讼。成员国是有特权的原告，自然具有诉讼资格。至于其他实体，《欧盟运行

---

〔1〕 See Council Regulation（EC）No 659/1999 of 22 March 1999 laying down detailed rule for the application of Article 93 of the EC Treaty, 1999.（笔者译）

〔2〕 See Case T-17/02, Region autonoma della Sardegm V Commssion［2005］ECR II-212, para 60.（笔者译）

〔3〕 See Alison Jones, Brenda Sufrin, *EC Competition Law（3nd edition）*, Oxford University Press, 2008, p.101.（笔者译）

〔4〕 参见赵学清、温寒："欧美竞争中立政策对我国国有企业影响研究"，载《河北法学》2013年第1期。

条约》第 263 条第 4 款规定："任何自然人或法人在本条第 1 款和第 2 款的条件下，可以对针对该人的或与之有直接和个别关系的行为，或对与之有直接关系且不需要实施细则的规制行为提起诉讼。"

此外，欧盟委员会还通过强化国有企业公司治理的方式确保国有企业的公平竞争。比如，欧盟委员会要求国有企业对其公共项目和商业行为承担独立的责任。对于那些承担了部分非商业活动的国有企业来说，该措施要求设立不同的账户以说明其预算如何对商业活动与非商业项目区别对待。[1]该措施被广泛地适用于欧盟的各项领域，例如能源、交通、邮政等。

（三）TTIP 的竞争中立

欧盟主导的竞争中立还突出体现在 TTIP 之中。2013 年 6 月，美欧正式宣布启动 TTIP 谈判。如果最终达成协议，TTIP 将取代 USMCA 成为世界上最大的自由贸易区（甚至比 TPP 更大），拥有 31.06 万亿美元的 GDP 总值，超过 88 万亿美元世界经济总量的三分之一。[2]目前，CPTPP 和 USMCA 已经达成，而 TTIP 还在谈判之中。一旦达成，对于中国这样拥有大量国有企业的国家而言，无疑将是很大的冲击。

在竞争中立问题上，TPP/CPTPP 和 USMCA 的提案很可能成为 TTIP 继续讨论的基础。根据最新披露的版本，[3]TTIP 在竞争中立问题上主要试图"明确规定相关条文处理反垄断法适

---

〔1〕　See European Commission，"Commission Directive 80 /723 / EEC of 25 June 1980 on the transparency of financial relations between Member States and public undertakings"，1980，p. 35.（笔者译）

〔2〕　See The Economist，"Come On，TTIP"，February 16，2013.（笔者译）

〔3〕　See Summary of EU TTIP position papers，Citizen Trade Policy Commission，http：//www. maine. gov/legis/opla/CTPCEUTTIPpositionpaperssum. pdf. 最后访问时间：2019 年 12 月 25 日。

用于国有企业和被授予独占权或特权的企业"。[1]此外，TTIP
还可能在以下方面取得突破：①建立规则来规范政府向国有企
业和被授予独占权或特权的企业提供财政的或非财政的（比如
监管）的优惠；②当证明政府对上述企业和民营企业存在歧视
性待遇，或上述企业"不给予商业考虑行为"时，确保政府对
这些企业的行为负责；③构建透明度规则和正当程序规则，确
保反垄断执法机构不"暗箱操作"；④引入竞争评估/竞争审查
机制，对新的规制措施可能对竞争和市场产生的影响进行评估；
⑤信息分享和争端解决机制。

从欧美双方发表的声明和相关评论意见来看，在竞争政策
问题（包括竞争中立）上，美欧双方的立场是基本一致的：双
方都有完善的竞争法，并且遵循同样的市场经济的理念。基于
对公开、公平和竞争性国际市场的共同信念，双方都努力推动
TTIP 的竞争条款作为标杆。[2]双方都集中关注如何提高透明度
和采用国际最佳实践，以及应对来自于"国有的、国家控制的
或国家影响的企业"对全球市场竞争造成影响的问题。[3]

但是，欧美在竞争中立制度设计的方式以及相关概念和规
则的表述上仍然存在差别。比如，事实上，欧盟竞争法中的国

---

〔1〕 "被授予独占权或特权的企业"基本等同于 TPP/CPTPP 和 USMCA 中提到
的"指定垄断"。"被授予独占权或特权的企业"是《欧盟运行条约》中使用的概
念，长期以来用于规范"国家援助"行为；"指定垄断"是《美—韩自贸协定》和
《美—新自贸协定》中使用的概念，泛指国有企业之外政府赋予的私人垄断或政府
垄断。最终的协议文本会采纳哪个名词，还有待观察。

〔2〕 See White & Case, "EU outlines preliminary goals in connection to first TTIP
round", http://www.lexology.com/library/detail.aspx?g=105edc5d-d900-40ee-8a7f-
67c44a93f516. 最后访问时间：2019 年 12 月 25 日。（笔者译）

〔3〕 See White & Case, "EU outlines preliminary goals in connection to first TTIP
round", http://www.lexology.com/library/detail.aspx?g=105edc5d-d900-40ee-8a7f-
67c44a93f516. 最后访问时间：2019 年 12 月 25 日。（笔者译）

家援助控制规则在很大程度上已经能够确保市场参与者（包括国有企业）不会受到政府优待，欧盟希望能够基于欧盟竞争法的框架和概念来设计 TTIP 中的竞争中立规则，以便能够为欧盟所有成员国所采纳。在竞争中立的规制对象上，欧盟使用的是"公共企业和依法享有特别或专有权利的企业"（Public Enterprises and Enterprises Entrusted with Special Rights or Exclusive Rights）这一概念，要求其不得实施扭曲贸易的行为，不得实施有违《欧盟运行条约》竞争章节义务和欧盟竞争法律的行为。但是，遵守上述义务和法律不得妨碍有关企业履行其授权职能。换言之，如果各成员国政府授权上述企业履行符合公共利益的特定职能，尽管履行这些职能有可能造成不公平竞争，在欧盟层面仍然是有效的。美国采纳的则是"国有企业"和"指定垄断"的概念，通常规则更加具体，并针对国有企业和指定垄断分别进行规定。针对国有企业，原则性规定国有企业的行为应当遵守竞争章节下的义务，且不得对外国企业实施歧视性待遇。针对指定垄断，包括指定私人垄断和指定政府垄断，以列举的方式规定被授权垄断企业应当遵守的行为规范，如遵守竞争规则和通常商业做法、给予非歧视待遇等。相比之下，美国关于国有企业和指定垄断的规定更为严格且具体，对其的态度显然也更为"负面"。

　　总的来看，在国有企业参与公平竞争的问题上，TTIP 谈判侧重于解决两个方面问题：第一，建立针对国有企业和指定垄断公平竞争的全球性规则，包括促进透明度和降低贸易扭曲的规则；第二，解决双方共同关心的有关竞争政策及其程序的问题，进一步加强竞争政策的合作。

第四节　作为规则接受方的其他版本竞争中立

　　除了以上发达经济体和国际组织推广的竞争中立，实际上，许多发展中经济体也在开展着竞争中立的实践，只不过这种探索是不完全的、不成体系的，并与这些国家的体制改革相联系。

2014 年，在来自澳大利亚、中国、印度、马来西亚和巴拉圭的专家学者的共同努力下，UNCTAD 发布了第一份完整的关于发展中经济体竞争中立的研究报告。[1] 报告表明，大多数司法管辖区在其市场发展过程中都体现了竞争中立。然而，他们却是以不同的方式实现它。

相比之下，越南似乎比其他国家进展得更慢一些。事实上，在某些市场上，越南政府机构的竞争优势似乎越来越多了。而中国、印度和马来西亚都采取了一些措施来处理市场改革中的政府问题。比如，中国的社会主义市场经济日益开放和发展，但产业政策依然重要，并且影响着市场的发展，特别是在一些敏感或重要的行业。在这个意义上，中国的发展仍然存在依靠"国家驱动"而非"市场驱动"的情况。马来西亚也没有针对竞争中立的具体政策，据报道，这是因为"政府认为这是一个不可能实现的目标"。[2] 尽管缺乏对竞争中立原则公开的承诺，但是政府通过其采取的很多行为表明了竞争的态度。此外，马来西亚 2010 年《竞争法》已经于 2012 年 1 月开始实施，其适用于所有商业行为（包括政府商业行为），这显然是竞争中立框架的一个重要因素。印度可能是在这几个国家中做得最好的。印度几乎所有的国有企业都已经公司化，并且和私营企业受到相同的法律规制。比如，印度 2002 年《竞争法》适用于所有的

---

〔1〕 See UNCTAD Research Partnership Platform publication Series, Competitive neutrality and its application in selected developing countries, http://unctad.org/en/Pages/DITC/CompetitionLaw/ResearchPartnership/Competitive-Neutrality. aspx. 最后访问时间：2019 年 12 月 25 日。（笔者译）

〔2〕 See OECD (2014), "Competitive Neutrality: National Practices in Partner and Accession Countries", p. 12. （笔者译）

主体，不论其是否属于国有。而且，印度一直在考虑建立以广泛的竞争为基础的国家竞争政策。相比之下，在这几个国家中，印度似乎是最容易接受和实施全面的竞争中立政策的国家。

在 OECD 的最佳实践和指南中，也承认国有企业的公司化改造是实现竞争中立的基础。因此，许多发展中国家的公司化改革和市场化改革本身，实际上可以视为竞争中立政策的一部分。包括我国正在开展的国有企业改革，也与竞争中立的确立和实施密切相关。比如，国有企业分类改革就是竞争中立规则实施的前提。这是因为，竞争中立只适用于主要参与商业活动的国有企业，而不适用于主要提供公共服务的国有企业。

但是，也要认识到，大多数发展中国家的竞争中立探索是不完整的，或者说仍然处于初期阶段，尚未形成体系。甚至，很多国家尚未认识到竞争中立本身的重要性，对其内涵和体系也没有认识。这是与不同国家所处的经济发展阶段密切相关的。

通过比较竞争中立的不同立场和制度，可以发现，不同国家在不同的发展阶段具有不同的诉求。尽管竞争中立的理念具有共性，但是竞争中立的制度及其实施具有个性。认识中国在实施竞争中立方面的经验和特殊性，是中国进一步构建符合自身特色的竞争中立体系的前提。

尽管各国对于"竞争中立"理念的理解是基本一致的，但是在竞争中立的制度化方面却存在显著差异。即，竞争中立制度具有多元性特征。比如，在作为国内改革措施的澳大利亚版竞争中立、作为国际倡导性规则的国际组织版竞争中立和作为国际约束规则的美欧版竞争中立之间，在适用范围和实施机制方面都存在明显的差异。

可见，竞争中立理念及其制度生成具有不同"土壤"，在移植和引进竞争中立理念和制度的过程中，必然会产生"异化效应"（与本国的既有理念和制度脱节）。在国内法层面，竞争中立的多元性为不同制度之间的竞争提供了可能；在国际法层面，竞争中立的多元性特征则为追求全球竞争的"实质公平"而非"形式公平"提供了可能性。

第三章
竞争中立规则的中国探索

CHAPTER 3

本章内容提要： 结合中国实际，探讨中国实施国有企业竞争中立的条件和资源，梳理中国"事实上"的国有企业竞争中立政策，剖析中国的竞争中立政策如何与经济体制改革的目标相互影响，以及如何"灵活地"体现在我国竞争政策的体系中。

中国虽然尚未普及竞争中立理念，更未正式提出竞争中立制度框架，但是中国针对国有企业的一系列改革和监管措施本身可以看作是竞争中立政策的一部分。可以说，一部中国经济体制改革的发展史，也是竞争中立政策在中国实施的过程。同时，中国也在积极地参与自由贸易协定谈判，试图"形成面向全球的高标准自由贸易区网络"。因此，中国在国内、国际两个层面都进行着"实质上"的竞争中立探索。但是，中国的竞争中立探索离不开其特定的法制背景。只有在中国特殊的"土壤"中研究和探索竞争中立，才能对中国版竞争中立给出客观的评价，并指导下一步的理论和制度建设。

第一节 中国的法制背景与竞争中立

一、宪法与竞争中立

《中华人民共和国宪法》（以下简称《宪法》）第 6 条至第 18 条中集中规定了经济制度的内容。其中，最重要的有两条：

一是第 6 条第 1 款规定："中华人民共和国的社会主义经济制度的基础是生产资料的社会主义公有制，即全民所有制和劳动群众集体所有制。社会主义公有制消灭人剥削人的制度，实行各尽所能、按劳分配的原则。"第 2 款规定："国家在社会主义初级阶段，坚持公有制为主体、多种所有制经济共同发展的基本经济制度，坚持按劳分配为主体、多种分配方式并存的分配制度。"该条明确提出了我国的基本经济制度是"公有制为主体、多种所有制经济共同发展"，并强调了"社会主义经济制度的基础是生产资料的社会主义公有制"，可称之为"公有制条款"。

二是第 15 条第 1 款规定："国家实行社会主义市场经济。"第 2 款规定："国家加强经济立法，完善宏观调控。"第 3 款规定："国家依法禁止任何组织或者个人扰乱社会经济秩序。"该条明确了我国实行的是"社会主义市场经济"，并强调了经济立法、宏观调控和经济秩序的重要性，可称之为"社会主义市场经济条款"。

《宪法》中有关经济制度的其他条款，基本上可以理解为是从这两个条文中衍生出来的。

从上述规定来看，可以得出中国的经济体制具有如下特征：第一，中国实行的是市场经济，因此市场在资源配置中具有基础性、决定性作用；第二，中国实行的是社会主义市场经济，因此中国的市场经济与社会主义制度联系在一起。社会主义制度体现在所有制结构层面，表现为"以公有制为主体，多种所有制经济共同发展"；在分配制度层面，表现为"以按劳分配为主体，多种分配方式并存"。社会主义市场经济体制能否有效运行，关键就在于能否真正解决公有制与市场机制有机结合的问题。

对我国《宪法》中"公有制条款"（第6条）和"社会主义市场经济条款"（第15条）的解释，将直接影响"中国版"竞争中立的制定和实施。如果说，宪法中的经济制度具有宣示效应，更重要的是确立"国家干预经济"的一般界限，那么，这两个条款对于国家干预经济的界限的理解，显然是不一样的。由此产生的一个问题是，竞争中立在适用之时，应该是以"社会主义市场经济条款"（第15条）为依据，还是应该以"公有制条款"（第6条）为依据？因为竞争中立所追求的公平竞争有可能会与"公有制条款"的保障公有制经济相抵牾。这就涉及如何解释"社会主义市场经济"和"社会主义公有制"的问题，也涉及竞争中立的实施到底朝哪一个方向运行的问题。

显然，《宪法》中的"公有制条款"和"社会主义市场经济条款"[1]，赋予了国有企业特殊的"垄断地位"。社会主义公有制在经济层面是以国有经济的形式表现出来的，国有经济占主导地位意味着国有企业占据"垄断地位"。如果《宪法》保障这种"垄断"，那么竞争中立是否还存在有效适用于国有企业的空间？

---

[1]《宪法》第7条规定："国有经济，即社会主义全民所有制经济，是国民经济中的主导力量。国家保障国有经济的巩固和发展。"

从表面上看，"公有制条款"含有"基本经济制度"的字眼，明确了"以公有制为主体"是我国经济制度的基本特征，因此应该以"公有制条款"为主。或者说，可以理解为"公有制条款"是"社会主义市场经济条款"的细化和落实。但是，如果严格坚持"公有制条款"，可能给竞争中立的适用带来巨大挑战：特别是在利用竞争中立指导国有企业改革和将竞争中立适用于国有企业限制竞争行为的时候。比如，国有企业的市场化改革本身以及削弱国有企业竞争力（哪怕建立在不公平竞争的基础上）的政策，很可能是与"公有制条款"相冲突的。而如果坚持"社会主义市场经济条款"，特别是强调竞争政策维护社会主义市场经济可持续发展的功能，那么将竞争中立适用于国有企业和政府垄断行为就具有宪法依据。

二、反垄断法与竞争中立

竞争中立的本质是促进公平竞争。从这个意义上看，我国《反垄断法》的出台和实施促进了竞争中立理念的传播，并为我国竞争中立政策的制定和实施创造了基础性法律条件。

首先，不管是从立法本身还是实施来看，国有企业都不存在豁免适用《反垄断法》的情况。尽管有人认为，《反垄断法》第7条的规定给国有企业提供了"特殊保护"，[1]实则不然。《反垄断法》仅对"国有经济占控制地位的关系国民经济命脉和

---

[1]《反垄断法》第7条规定："国有经济占控制地位的关系国民经济命脉和国家安全的行业以及依法实行专营专卖的行业，国家对其经营者的合法经营活动予以保护，并对经营者的经营行为及其商品和服务的价格依法实施监管和调控，维护消费者利益，促进技术进步。前款规定行业的经营者应当依法经营，诚实守信，严格自律，接受社会公众的监督，不得利用其控制地位或者专营专卖地位损害消费者利益。"

国家安全的行业以及依法实行专营专卖的行业"[1]的"合法经营活动"进行保护，也就是说，凡上述行业中的企业违反了《反垄断法》就应受到相应的规制。因此，关系国家安全和国民经济命脉行业和关键领域的企业（包含国有企业和非国有企业）和其他行业和领域的企业一样同等适用《反垄断法》，并不存在排除《反垄断法》对特定行业或者国有企业的管辖适用。[2]

《反垄断法》实施后不久，《企业国有资产法》于 2008 年 10 月颁布，该法旨在规范对国有资产的管理、运用和保护。《企业国有资产法》第 7 条规定："国家采取措施，推动国有资本向关系国民经济命脉和国家安全的重要行业和关键领域集中，优化国有经济布局和结构，推进国有企业的改革和发展，提高国有经济的整体素质，增强国有经济的控制力、影响力。"用该条规定来解读《反垄断法》第 7 条，可以理解为：国家对其合法经营活动给予保护的、关系国家经济命脉和国家安全的重要行业和关键领域是由国有经济占控制地位的，《反垄断法》保护"合法垄断"的国有企业实施的"合法经营活动"。此外，《企业国有资产法》第 17 条还强调了"国家出资企业从事经营活动，应当遵守法律、行政法规"，再次明确国有企业并不基于其和国家的关系而豁免适用包含《反垄断法》在内的任何法律、行政法规。

---

　　[1]　该条款中"国有经济应保持绝对控制力的关系国家安全和国民经济命脉的重要行业和关键领域"包括军工、电网电力、石油石化、电信、煤炭、民航、航运七大行业，参见"国资委就《关于推进国有资本调整和国有企业重组的指导意见》答记者问"（2006 年 12 月 18 日）；而该条款中提及的依法实行专营专卖的行业主要有烟草业、食盐业、甘草和麻黄草、化肥、农药、农膜，这些行业生产的往往是与人民群众身体健康和切身利益直接相关的产品。

　　[2]　See OECD, "State Owned Enterprises and the Principle of Competitive Neutrality 2009", p. 253. （笔者译）

其次，《反垄断法》专章规定了"滥用行政权力排除、限制竞争"，对政府的行政性垄断行为予以了规制。竞争中立本质上要规范的，正是政府滥用其权力设置竞争壁垒，为特定企业提供不公平的竞争优势。因此，《反垄断法》实际上是通过"事后规制"的方式在"间接"地实施竞争中立。

当然，也要注意到，虽然《反垄断法》和《企业国有资产法》的规定表明了国有企业并不基于其和国家的关系而豁免适用《反垄断法》，然而竞争执法机构在实践中仍然面临着某些国有企业享有"特权"的尴尬。[1]同时，当前我国《反垄断法》有关行政性垄断的规定和实施都受到了"行政法思维"的严重影响，与"反垄断法思维"下有关行政性垄断的认识存在巨大反差，导致对行政性垄断的认识、认定标准和法律责任等方面都存在问题。[2]比如，行政性垄断行为以滥用行政权力为前提，而很多公共政策的制定并不构成滥用行政权力，但在实际运行中却产生了排除限制竞争的效果，对于这种情况反垄断法无能为力。行政复议和行政诉讼可以规制排除、限制竞争的具体行政行为，但大部分公共政策都属于抽象行政行为，其限制竞争的问题无法通过行政复议和行政诉讼的途径来解决。此外，虽

---

〔1〕 比如，中国联合通信股份有限公司和中国网络通讯集团公司在 2008 年 10 月 15 日正式合并，根据《反垄断法》和《国务院关于经营者集中申报标准的规定》，该合并案已经达到了申报标准，应当依法向商务部进行经营者集中申报，但商务部有关官员表示该合并案未依法进行申报。与此同时，国资委研究中心有关人士则提出了不同观点，认为央企重组是由国务院做出决定，不需要通过商务部反垄断审查。根据《反垄断法》第 48 条的规定，"经营者违反本法规定实施集中的，由国务院反垄断执法机构责令停止实施集中、限期处分股份或者资产、限期转让营业以及采取其他必要措施恢复到集中前的状态，可以处 50 万元以下的罚款"，但截至目前，商务部未公开作出处罚。
〔2〕 参见张志伟、应品广："反垄断法思维下的行政性垄断新探"，载《江西财经大学学报》2013 年第 4 期。

然通过人大监督可以撤销政府的不适当规章、决定和命令，但人大监督关注的重点是不同位阶法律文件之间的衔接问题，而不是市场竞争问题。

因此，尽管《反垄断法》本身具有竞争中立的内涵，但其仍然具有局限性，不足以完全体现竞争中立的制度内涵。需要导入具有事前防范功能、适用范围更广、针对性更强的竞争中立制度，弥补现有规章制度的不足。

三、公平竞争审查制度与竞争中立

2015年3月，《中共中央、国务院关于深化体制机制改革加快实施创新驱动发展战略的若干意见》，提出要"探索实施公平竞争审查制度"。2015年5月，国务院批转发展改革委《关于2015年深化经济体制改革重点工作意见的通知》，文件提出要"促进产业政策和竞争政策有效协调，建立和规范产业政策的公平性、竞争性审查机制"。2015年6月，国务院下发《关于大力推进大众创业万众创新若干政策措施的意见》，又一次提出要求，"加快出台公平竞争审查制度"。2016年4月，中央全面深化改革领导小组审议通过了《国务院关于在市场体系建设中建立公平竞争审查制度的意见》（国发〔2016〕34号）（以下简称《公平竞争审查意见》），并于2016年6月14日由国务院正式公布。2017年10月23日，国家发展改革委、财政部、商务部、国家工商行政管理总局、国务院法制办又联合发布了《公平竞争审查制度实施细则（暂行）》，对上述《公平竞争审查意见》进行了细化，进一步明确了审查的标准和流程。

所谓公平竞争审查制度，是指竞争主管机构或其他机构通过分析、评价拟订中（或现行）的法律可能（或已经）产生的竞争影响，提出不妨碍法律目标实现而对竞争损害最小的替代方案的制度。[1] 根据《公平竞争审查意见》，我国行政机关和法律法规授权的具有管理公共事务职能的组织以及行政法规、国务院制定的其他政策措施、地方性法规的起草部门（以下统称"政策制定机关"），在政策制定过程中应开展公平竞争审查，并按照"谁制定、谁清理"的原则，有序清理"存量"。公平竞争审查制度已经成为中国竞争政策的重要组成部分，是对作为"事后规制"方式的反垄断法律制度的有效补充，是行政性垄断规制的重要制度创新，同时也为我国竞争中立的实施创造了制度条件。

首先，公平竞争审查制度的目的是减少法律和政策对竞争的不合理限制。这与竞争中立的目标相同。现阶段，我国仍存在较多不必要的行政干预，一些公共政策涉及指定交易、准入限制、歧视性待遇、违规补贴或税费减免等限制竞争问题，严重破坏了公平竞争的市场秩序，阻碍了全国统一大市场的形成。当上述行为指向国有企业，就与竞争中立的规范对象重合。因此，减少法律和政策对竞争的不合理限制（特别是给予国有企业的特殊优待），符合竞争中立的目标。

其次，类似于欧盟的国家援助控制制度，公平竞争审查制度虽不直接针对国有企业之不公平竞争行为，但是其所确立的审查标准及其实施实际上具有竞争中立的制度内涵和实际效果。我国公平竞争审查制度从维护全国统一市场和公平竞争的角度，明确了开展公平竞争审查的四大类、18 项禁止标准（一般称为"18 不得"），再加上两项"兜底规定"，实际上明确了"20 不得"的审查标准（参见表 3-1）。这些标准体现了税收中立（比如安排财政支出不得与企业缴纳的税收或非税收入挂钩）、补贴

---

[1] 参见张占江："中国法律竞争评估制度的建构"，载《法学》2015 年第 4 期。

中立（比如不得对外地和进口商品、服务实行歧视性价格和歧视性补贴政策）、信贷中立（比如不得违法给予特定经营者优惠政策）、监管中立（比如不得设置不合理和歧视性的准入和退出条件）等竞争中立内涵。

表3-1　我国公平竞争审查制度的审查标准

审查标准	对应的规定
1. 市场准入和退出标准	
（1）不得设置不合理和歧视性的准入和退出条件；	《反垄断法》第37条
（2）公布特许经营权目录清单，且未经公平竞争，不得授予经营者特许经营权；	《基础设施和公用事业特许经营管理办法》
（3）不得限定经营、购买、使用特定经营者提供的商品和服务；	《反垄断法》第32条
（4）不得设置没有法律法规依据的审批或者事前备案程序；	《行政许可法》[1]
（5）不得对市场准入负面清单以外的行业、领域、业务等设置审批程序。	《国务院关于实行市场准入负面清单制度的意见》
2. 商品和要素自由流动标准	
（1）不得对外地和进口商品、服务实行歧视性价格和歧视性补贴政策；	《反垄断法》第33条第（一）项
（2）不得限制外地和进口商品、服务进入本地市场或者阻碍本地商品运出、服务输出；	《反垄断法》第33条第（三）项、第（四）项
（3）不得排斥或者限制外地经营者参加本地招标投标活动；	《反垄断法》第34条

---

［1］《中华人民共和国行政许可法》，简称《行政许可法》。

续表

审查标准	对应的规定
（4）不得排斥、限制或者强制外地经营者在本地投资或者设立分支机构；	《反垄断法》第 35 条
（5）不得对外地经营者在本地的投资或者设立的分支机构实行歧视性待遇，侵害其合法权益。	《反垄断法》第 35 条
3. 影响生产经营成本标准	
（1）不得违法给予特定经营者优惠政策；	
（2）安排财政支出一般不得与企业缴纳的税收或非税收入挂钩；	《反垄断法》第 37 条
（3）不得违法免除特定经营者需要缴纳的社会保险费用；	
（4）不得在法律规定之外要求经营者提供或者扣留经营者各类保证金。	
4. 影响生产经营行为标准	
（1）不得强制经营者从事《中华人民共和国反垄断法》规定的垄断行为；	《反垄断法》第 36 条
（2）不得违法披露或者要求经营者披露生产经营敏感信息，为经营者从事垄断行为提供便利条件；	《反垄断法》第 36 条
（3）不得超越定价权限进行政府定价；	《价格法》[1] 第 45 条
（4）不得违法干预实行市场调节价的商品和服务的价格水平。	《价格法》第 45 条

---

〔1〕《中华人民共和国价格法》，简称《价格法》。

审查标准	对应的规定
兜底规定	
没有法律、法规依据，各地区、各部门不得制定减损市场主体合法权益或者增加其义务的政策措施；	《立法法》[1]第80条
不得违反《中华人民共和国反垄断法》，制定含有排除、限制竞争内容的政策措施。	《反垄断法》第37条

根据 2018 年 3 月中共中央印发的《深化党和国家机构改革方案》，指导实施公平竞争审查制度的职能调整至国家市场监督管理总局（以下简称"市场监管总局"）。根据市场监管总局公布的公平竞争审查制度 2018 年总体落实情况[2]，我国的公平竞争审查制度的实施在 2018 年度取得了如下成效：

一是在根据 2016 年 12 月 22 日国务院发布的《公平竞争审查工作部际联席会议制度》组建公平竞争审查工作部际联席会议的基础上，根据机构改革、部门职能调整和人员变动等情况，经国务院批准调整部际联席会议组成，召集人为市场监管总局局长张茅，办公室设在市场监管总局。

二是制定了《公平竞争审查第三方评估实施指南》，研究起草适用例外规定、责任追究等配套文件，并探索建立公平竞争审查考核机制，推动各地将公平竞争审查纳入行政绩效考核。

三是组织开展重点督查并督促整改。以公平竞争审查部际联席会议名义，随机选择 8 个部门和 5 个省（区、市）开展重

---

〔1〕《中华人民共和国立法法》，简称《立法法》。
〔2〕参见国家市场监管总局："市场监管总局公布公平竞争审查制度 2018 年总体落实情况"，http://www.gov.cn/xinwen/2019－01/27/content_5361519.htm，最后访问时间：2019 年 2 月 10 日。

点督查，抽查相关政府部门 2017 年以来出台的文件，对其中违反审查标准的发函督促整改。其中，5 个省（区、市）分别为辽宁、黑龙江、广东、广西、新疆，抽查了相关单位 2017 年以来出台的 175 份文件，发现其中 30 份存在违反公平竞争审查标准或者程序的问题。2018 年 12 月，市场监管总局向 5 省区人民政府发函，督促整改有关问题并要求及时反馈整改情况。上述省区高度重视，立刻责成相关单位认真落实、细化责任、切实整改。目前，8 份文件已整改完毕，22 份文件正在按程序进行整改。[1]

四是扎实推进存量政策清理。组织各地区、各部门贯彻落实《2017～2018 年清理现行排除限制竞争政策措施的工作方案》，重点清理现行政策措施涉及地方保护、指定交易、市场壁垒等内容。发函督促各地区、各部门完成清理工作，将有关情况向社会公示、接受社会监督。

五是深入研究特定领域公平竞争审查问题。与工业和信息化部、民航局等部门深入交流，共同研究新能源汽车、民航航线等领域的公平竞争审查问题，深入分析相关政策对市场竞争的影响。

六是持续加强宣传培训。举办三期全国性培训班，对部际联席会议、各省级联席会议成员单位进行业务培训，提高公平竞争审查工作能力。深化"中国公平竞争审查与欧盟国家援助控制"对话机制，与欧盟委员会竞争总司联合举办中欧竞争周，共同起草对话机制运行情况年度报告。积极参加各类研讨会，宣传公平竞争审查制度最新进展成效，不断扩大制度的国际影

---

[1] 参见国家市场监管总局："五省区积极整改 2018 年公平竞争审查重点督查发现的典型问题"，http://samr. saic. gov. cn/xw/yw/zj/201901/t20190125_281216. html，最后访问时间：2019 年 2 月 10 日。

响力。

市场监管总局的数据显示，[1]截至2018年底，国务院各部门、所有省级政府、98%市级政府、85%县级政府已部署落实公平竞争审查制度。市县落实比例与2017年底相比分别提高了5个百分点和36个百分点。其中，北京、天津、河北等17个省（区、市）实现省市县三级全覆盖。2018年，各地区、各部门共对31万份增量文件进行了审查，比2017年增长154%，对其中1 700余份文件进行了修改完善，比2017年增长157%，审查效果进一步显现；对82万份存量文件进行梳理，清理2万余份含有地方保护、指定交易、市场壁垒内容的文件，有效预防和纠正了一系列排除、限制竞争的问题，促进了统一开放、竞争有序的市场体系建设。

此外，公平竞争审查机制建设持续优化。市场监管总局发文专项部署，建立自我审查、专业支持、程序把关相结合的工作机制，并优化办文系统将公平竞争审查作为必经流程，进一步强化程序约束。工业和信息化部建立由业务司局初审、产业政策司复核的审查机制，加强审核把关。商务部在内网发文管理系统中增加"公平竞争审查"选项，从文件批转程序上加强把关。天津、浙江将公平竞争审查纳入依法行政考核，由联席会议办公室对各委办局落实制度情况进行评判打分。江苏强化联席会议办公室协查机制，协助省级部门、市县政府对疑难文件进行审查。湖南探索公平竞争审查约谈机制，由省联席会议办公室对违反公平竞争审查制度的相关单位进行约谈并督促整改。福建建立工作落实台账和"每月一通报"机制，要求各级

---

〔1〕 参见国家市场监管总局："市场监管总局公布公平竞争审查制度2018年总体落实情况"，http://www.gov.cn/xinwen/2019-01/27/content_5361519.htm，最后访问时间：2019年2月10日。

联席会议办公室按月报送工作进展，并抄送省政府办公厅和各市县政府。广州市越秀区积极探索第三方评估，委托法律顾问协助审查并出具书面的审查建议等。

可以说，公平竞争审查制度的深入实施起到了良好的竞争倡导作用，进一步增强了各级政府部门的市场意识和公平竞争理念。2018 年以来，多个部门印发文件，从公平竞争审查的角度对本部门、本行业、本系统相关工作提出要求，涉及自贸区建设、区域协调、钢铁去产能、促进民营经济发展等多个方面，体现出公平竞争审查制度理念不断深入、影响不断扩大。

但是，正如市场监管总局在报告中所说，[1]公平竞争审查制度在实施过程中仍然存在不少问题：一是落实进度不够平衡。目前仍有 2%的市级政府和 15%的县级政府尚未启动，影响了全面覆盖目标的实现。已落实的地区，不同部门的工作质量和成效差距较大。二是审查范围不够全面。遗漏审查问题普遍存在，一些地方直接将审查对象限定为规章和规范性文件，将其他政策措施排除在外。三是审查工作不够规范。完全将公平竞争审查纳入合法性审查，没有体现公平竞争审查的任何痕迹。开展审查仅征求相关部门意见，没有征求利害关系人意见或者向社会公开征求意见。四是审查质量有待提升。一些文件经过审查仍然含有排除限制竞争的内容，存在程序空转、工作形式化问题。一些政府部门滥用例外规定，对明显不符合适用条件的政策措施随意适用。

此外，还有不少省市公布了依据公平竞争审查制度开展自我审查的情况（参见表 3-2）。

---

〔1〕 参见国家市场监管总局："市场监管总局公布公平竞争审查制度 2018 年总体落实情况"，http://www.gov.cn/xinwen/2019-01/27/content_5361519.htm，最后访问时间：2019 年 2 月 10 日。

表 3-2 部分省市开展自我审查情况

部分省市	清理现行排除、 限制竞争的政策措施情况
安徽省[1]	省级层面：①省政府相关政策措施。清理现行有效的省政府规章 45 件，拟修改 1 件；清理现行有效的省政府规范性文件 265 件，拟修改 1 件，拟废除 3 件。②省政府部门相关政策措施。共清理现行有效的部门规范性文件 1 827 件，拟修改 9 件，拟废除 10 件。 市级（包括县）层面：①市政府及其部门相关政策措施。清理现行有效的市政府及其部门规范性文件 3 004 件，拟修改 44 件，拟废除 17 件。②县政府相关政策措施（根据合肥、淮南、淮北、宿州、六安、马鞍山、芜湖等市统计）。清理现行有效的县级政府规范性文件 1 811 件，拟修改 10 件，拟废除 52 件。
广东省[2]	2018 年全省共梳理现行有效的规章、规范性文件和其他政策措施 29 284 件，对含有排除、限制竞争内容的政策措施，废止 184 件、修订 57 件。其中，共清理省级政府及所属部门文件 3 317 份，无排除限制竞争问题 3 263 份、修改 5 份、废止 49 份；共清理市级政府及所属部门文件 14 071 份，无排除限制竞争问题 13 961 份、设置过渡期 3 份、适用例外规定 2 份、修改 33 份、废止 72 份；共清理县级政府及所属部门文件 11 896 份，无排除限制竞争问题 11 804 份、设置过渡期 6 份、适用例外规定 4 份、修改 19 份、废止 63 份。 同时，2018 年，全省共审查增量文件 21 131 份，政策

---

〔1〕 参见安徽省物价局官网，http://www.ahpi.gov.cn/DocHtml/1/18/08/xxgk_2018082298571.html，最后访问时间：2019 年 2 月 10 日。

〔2〕 参见广东省人民政府官网，http://www.gd.gov.cn/gdywdt/bmdt/content/post_2163714.html，最后访问时间：2019 年 2 月 11 日。

部分省市	清理现行排除、限制竞争的政策措施情况
	制定机关及时修订了在审查中发现的含有排除限制竞争内容的文件。其中，共审查省级政府及所属部门文件 2 524 份，经审查修改调整 2 份、适用例外规定 7 份；共审查市级政府及所属部门文件 9 182 份，经审查修改调整 32 份、适用例外规定 8 份；共审查县级政府及所属部门文件 9 425 份，经审查修改调整 81 份、适用例外规定 5 份。
陕西省[1]	梳理了现行有效的规范性文件 21 件，梳理了 8 件涉及市场主体经济活动的政策措施。经审查 29 件涉及市场主体经济活动的现行有效政策措施，涉及市场准入、产业发展、招商引资、招标投标、政府采购、经营行为规范、资质标准等涉及市场主体经济活动的 18 件，均不存在需要清理的情形。
深圳市[2]	据统计，共对 281 份文件开展了审查工作，其中不存在排除限制市场竞争的文件 267 份，经审查后予以调整的文件 3 份，废止或不予出台的文件 11 份。
南宁市[3]	根据《2018 年广西清理现行排除限制竞争政策措施工作方案》的要求，组织开展了全委现行排除限制竞争政策措施清理工作，清理范围是 2017 年 12 月 31 日前制定且现行有效的规章、规范性文件和其他政策措施等共计 27 份文件，经清理，未发现"存量"的政策措施存在限制竞争的情形。

---

［1］ 参见陕西省生态环境厅官网，http：//www. snepb. gov. cn/service/files/shdz/2018-04-23/27563. html，最后访问时间：2019 年 2 月 10 日。

［2］ 参见全国党媒信息公务平台："清理排除限制竞争政策！深圳市废止或不予出台的文件 11 份"，https：//baijiahao. baidu. com/s？ id＝1612188898719758475&wfr＝spider&for＝pc，最后访问时间：2019 年 2 月 10 日。

［3］ 参见南宁市发展和改革委员会官网，http：//fgw. nanning. gov. cn/zcfg/t1594357. html，最后访问时间：2019 年 2 月 10 日。

部分省市	清理现行排除、限制竞争的政策措施情况
内蒙古自治区[1]	经自查，梳理出《内蒙古自治区政府关于进一步支持现代装备制造业加快发展的若干意见》〔内政发（2014）59号〕第5条的部分内容涉嫌存在不公平竞争。按照公平竞争审查规定及时提出整改建议，对该《意见》中涉嫌不公平竞争的部分内容进行整改、完善。同时，按照规范性文件修改程序重新提请发布。

再次，公平竞争审查制度的实施部门可作为竞争中立制度的实施部门。关于公平竞争审查机构的选择，存在三种不同方案：一是由政策制定机构进行自我审查；二是由竞争主管机构进行审查；三是建立专责的竞争审查机构。三种方案各有利弊。目前来看，我国最终选择了"政策制定机关审查为主、竞争主管部门予以指导"的方案。考虑到竞争政策实施的阶段性和公平竞争审查的专业性和复杂性，在公平竞争审查制度实施的初级阶段采取这样的方案具有现实必要性。但是，随着公平竞争审查经验的积累和理念的推广，我国有必要逐步建立"以竞争主管部门为主、政策制定机构为辅"的公平竞争审查机制，由竞争主管部门主导公平竞争审查，政策制定部门在制定（修订）法律或政策草案时提交初步的竞争审查报告，配合竞争主管部门的竞争审查工作，以此进一步突出竞争政策在促进经济持续健康发展中的作用。同时，还可进一步落实反垄断委员会在研究、拟定和协调竞争政策方面的法定职能，指导公平竞争审查制度的开展。但是不论是政策制定机关自我审查还是由竞争主

[1]　参见内蒙古自治区人民政府法制信息网，http://www.nmfzb.gov.cn/information/fzb39/msg10494195574.html，最后访问时间：2019年2月10日。

管机构或专门机构进行审查，均不妨碍其同时作为竞争中立制度的实施部门。

最后，竞争中立制度可以"嵌入"到公平竞争审查制度之中，成为公平竞争审查的一部分。比如，将"是否符合竞争中立"纳入审查范畴，那么将能够从源头上消除违反竞争中立原则的规则的出台。

当然，公平竞争审查制度的有效推行还有赖于相关配套机制的建立和完善。

一是纠错机制。除了在政策制定之前要开展事先审查，在政策制定之后，还需要开展定期评估。建议法律和政策的制定部门每三年左右开展一次自我评估，并鼓励委托第三方开展评估，并向社会公布评估报告、评估结果以及根据评估开展的措施。同时要防止法律和政策的制定机构通过自我审查将"不合理"的法律和政策"合法化"，即将很可能排除、限制竞争的政策评估为符合社会公共利益的政策。因此，对于法律和政策制定机构的自我评估，应当有"纠错机制"：一方面，在其作出初步审查之后，应当将其审查结果（包括审查的分析过程）提交给竞争主管部门（或国务院反垄断委员会）进行审核。在竞争主管部门（或国务院反垄断委员会）认可的情况下，才能将其认定为合理的政策。另一方面，应当将自我审查的报告（包括论证过程及其结果）向社会公布，接受社会监督。

二是协调机制。不同的机构对于政策是否符合"公共利益"的看法很可能是不同的。竞争主管部门可能更多地从是否影响竞争机制来看政策的合理性，而行业主管部门可能更多地从产业发展的角度看政策的合理性。因此，在对审查中的政策是否符合"公共利益"进行评价时，不能仅听从某个或某些部门的意见，而应该广泛听取各个部门、专家和社会公众的意见。听取意见的关键，是建立常规化的协调机制。比如，在部际联席会议制度的基础上，可以引入例会制度，使国务院竞争主管部门在国务院反垄断委员会办公室的组织下，定期（比如每季度）与行业监管部门逐一召开政策协调例会，研讨监管行业最新立法或改革计划，把行业监管部门被动地学习竞争政策，转变为主动地参与竞争政策研讨，把竞争执法机关被动地调查行业监管法中容易滋生的限制竞争行为，转变为事先参与行业监管法的制定与修订。当然，为了更好地履行公平竞争审查和相关协调职能，建议在国务院反垄断委员会下增设相关机构和人员。比如，可以增设竞争政策制定小组、公平竞争审查小组、竞争法实施协调小组、市场调研小组等。同时，每个小组安排至少三至五名专职工作人员，并根据工作需要逐步扩大编制。

三是监督机制。政策制定机关认真履行审查程序，是实现公平竞争审查制度价值的关键。因此，必须采取相关措施予以保障：①强化相关责任追究。公平竞争审查是公共政策正式生效的必要程序，未经公平竞争审查即实施的公共政策在程序上存在瑕疵。如果未进行公平竞争审查就出台政策措施，或者在反垄断委员会提出建议之后仍不及时纠正相关政策措施，政策制定机关要承担相应责任。②强化信息公开。政策制定机关应及时、全面地公开竞争审查报告（包括论证过程）及根据国务院反垄断委员会的意见矫正政策措施的情况，便于社会监督。国务院反垄断委员会可以定期对各级政府部门执行公平竞争审查的情况进行评估。③强化社会监督。在政策制定过程中和政策实施后，相关部门、经营者和消费者等均可向国务院反垄断委员会举报。国务院反垄断委员会应当进行调查，并将结果向社会公布。

四是借鉴《反垄断法》的做法建立"建议权"制度。原则上，公平竞争审查的对象应该包括所有可能排除、限制竞争的法律和规则。但由于审查机构本身不属于立法机构，其审查全国人大及其常委会、地方人大及其常委会制定的法律或地方性法规很可能不具有"合法性"。同时，国务院通常也不在被审查之列。因此，公平竞争审查的对象通常只是国务院各部门、各级人民政府及其所属部门制定的市场准入、产业发展、招商引资、招标投标、政府采购、经营行为规范等可能影响市场竞争的行政法规、部门规章、地方政府规章、规范性文件和其他政策性文件。特别是地方各级政府部门制定的大量"红头文件"，这些文件种类多、数量大、针对性强，很可能对市场竞争造成损害，属于重点审查的对象。虽然对于立法机关制定的法律或地方性法规以及国务院制定的行政性法规，公平竞争审查部门无"审查权"，但仍可赋予其"建议权"，以便最大程度减少不利于公平竞争的法律规则的不利影响。

毫无疑问，公平竞争审查制度的实施，包括审查的程序、机构设置和配套机制等，都将为将来竞争中立制度的实施提供经验。公平竞争审查制度的完善，也将为竞争中立制度的制定奠定基础。

四、经济政策与竞争中立

我国当前的经济政策和经济立法大多是"部门政策"或"部门立法"，因此常常体现的是"部门利益"，而非"社会利益"。这突出体现在竞争执法机构和行业监管机构的关系以及行业法律法规规制限制竞争行为的现状上。

在我国，除了竞争主管部门享有相应的竞争执法权外，还有其他国务院组成部门或者国务院授权的事业单位对部分特殊市场行使管理权：比如国家能源局对电力供应市场、交通部对交通运输市场、工信部对电信市场、民用航空局对民航市场都依法行使监管权。协调好竞争执法机构与行业监管机构的关系对于维护反垄断法的统一性和权威性十分重要。然而,《反垄断法》对竞争执法机构和行业监管机构交叉执法的工作原则并未予以明确。

虽然相关条款曾在提交十届全国人大常委会第二十二次会议审议的《反垄断法(草案)》[1]中出现过,但最终未被正式纳入《反垄断法》。这一定程度上反映了我国行业监管机构的强势地位,以及在处理产业政策和竞争政策关系时我国尚不能做到准确定位。行业监管部门一方面要保护竞争,另一方面又必须加强监管,甚至可能考虑到部门利益而无法中立地执行竞争政策。在此情况下,对特定行业中的限制竞争行为到底由竞争执法机构进行执法还是由行业监管机构进行执法,成为中国在经济转型过程中面临的一个重要问题。

在针对特定行业制定的法律、行政法规层面,不存在国有企业豁免适用《反垄断法》的规定,也不存在与《反垄断法》相冲突的情形。但是在针对特定行业制定的部门规章层面,虽然没有豁免国有企业适用《反垄断法》的规定,但可能存在着与《反垄断法》目标不一致的规定。以《民用航空企业及机场联合重组改制管理规定》为例,该规定的立法目的虽然包括了"推进建立公平有序竞争的市场秩序",但在规范民用航空企业、机场联合重组改制行为时还必须"防止恶性竞争和保证安全生产与安全飞行",这可能会与《反垄断法》在经营者集中问题上的审查标准发生冲突。

---

〔1〕《反垄断法(草案)》第44条曾经规定,对依照有关法律、行政法规规定由有关部门或者监管机构调查处理的垄断行为,由有关部门或者监管机构调查处理,同时要求其将调查处理结果通报国务院反垄断委员会;有关部门或者监管机构对垄断行为未调查处理的,反垄断执法机构可以调查处理,但调查处理时应当征求有关部门或者监管机构的意见。

具有限制竞争效果的抽象行政行为大多集中在规范性文件层面。以石油行业为例，出于"规范市场秩序，减少无序竞争，提高资源配置效率，确保国家能源安全"的考虑，国务院办公厅发布了《国务院办公厅转发国家经贸委等部门关于清理整顿小炼油厂和规范原油成品油流通秩序的意见的通知》（国办发〔1999〕38 号）[1]，由此确定了中石油、中石化在成品油批发市场的垄断地位。之后国家经贸委等五部委根据 38 号文又制定了《关于清理整顿成品油流通企业和规范成品油流通秩序的实施意见》（国经贸贸易〔1999〕637 号）[2]，再一次强调了中石油和中石化的地位。

在获得了批发领域的垄断地位后，两大集团继续凭借着地方政府和中央部门出台的有损正义的相关政策，将垄断地位进一步扩张至石油的供应和配送环节[3]、进口原油环节[4]以及

---

〔1〕《关于清理整顿小炼油厂和规范原油成品油流通秩序的意见》规定："国内各炼油厂生产的成品油（汽油、煤油、柴油，下同）要全部交由石油集团、石化集团的批发企业经营，其他企业、单位不得批发经营，各炼油厂一律不得自销。"

〔2〕《关于清理整顿成品油流通企业和规范成品油流通秩序的实施意见》规定："国内各炼油厂生产的汽油、煤油、柴油全部由两大集团的批发企业批发经营，其他企业和单位不得批发经营。"

〔3〕铁道部下发的《关于加强石油运输管理的通知》（铁运函〔2003〕150号）明文规定油品运输必须经中石油和中石化两大集团提报计划，其他单位提报运输计划，一律不予受理。2004 年国家发改委等八部委出台的《关于印发〈车用乙醇汽油扩大试点方案〉和〈车用乙醇汽油扩大试点工作实施细则〉的通知》（发改工业〔2004〕230 号），提出了车用乙醇汽油只能由中石油和中石化两大公司负责生产供应。2004 年 8 月，黑龙江省为了落实国家八部委推广使用车用乙醇汽油工作方案，拟定了《黑龙江省销售和使用车用乙醇汽油管理办法》，该办法的核心内容有两条：一是从 2004 年 10 月 1 日起，黑龙江省行政区域内全部封闭使用车用乙醇汽油；二是车用乙醇汽油只能由中石油黑龙江省销售分公司独家销售。

〔4〕目前中石油、中石化系统外的企业若进口原油，必须持有两大集团出具的"排产"（安排生产）证明，海关才放行，铁路部门才安排运输计划。此外，进口原油后还需要返销给两大集团，销售由其统一安排。

石油储备〔1〕等环节。对于石油行业各环节的控制力赋予了它们对中间产品和成品油的定价权，随后凭借着对定价权的掌控，两大集团操纵市场囤积石油导致油荒频现，位于下游环节的必须依靠它们的配额生存的民营炼油企业、批发企业难以为继。其中，民营批发企业从1998年的3 340家锐减到目前的663家，现有45 000多座民营加油站中有2/5濒临破产，社会福利受到严重损害。

要消除这种情况，除了依靠前文提及的公平竞争审查制度，还有赖于产业法或行业法本身的"竞争法化"。如果能够在行业法律和政策中实现竞争政策的目标，实现行业法的"竞争法化"，〔2〕即在行业法中减少排除、限制竞争的内容，实现各个行业的有序竞争，那么竞争政策的目标将不仅限于影响竞争法律本身，还将扩展到所有与竞争有关的公共政策。换言之，如果有关国有企业的公共政策能够体现公平竞争的内涵，那么竞争中立的目标也就实现了。

因此，竞争中立政策需要对接产业政策、贸易政策、国资政策等其他经济政策，实现"竞争政策"作为经济政策基础性政策的地位，实现竞争中立与社会公益目标的相互协同。

第二节　中国的国有企业改革与竞争中立

在探讨中国的竞争中立问题之前，还有必要梳理中国的国

---

〔1〕　从2003年起，我国启动了国家战略石油储备基地建设，然而占国内石油零售半壁江山的民营企业，被以"对其监管存在很大难度"的理由而一直被挡在国家战略石油储备的大门之外。而相反，中石油、中石化、中海油三大国企从一开始就参与了国家石油战略储备项目，并由国家投资进行石油储备建设。

〔2〕　参见李胜利、胡承伟："论产业法'竞争法化'之缘由及发展路径"，载《安徽大学学报（哲学社会科学版）》2013年第6期。

有企业改革历程。[1]这是因为，中国的国有企业改革本身，就是在中国经济体制从计划经济转向市场经济的过程中，不断将针对国有企业的计划控制转化为依据市场规则进行管理的过程。这一不断"市场化"的国企改革历程，尽管尚未结束，却奠定了架构竞争中立的基础。如果没有国企改革，就不可能存在依据市场规则运作的国有企业，也就不可能存在竞争中立所倡导的公平竞争。从这个意义上看，国企改革是竞争中立的前提。同时，国企改革过程中的一些经验和教训，也为竞争中立制度的设计提供了宝贵营养。

一、中国国有企业的改革历程

（一）以"放权让利"为主要特征的改革（1978 年~1986 年）

通过 20 世纪 50 年代的"社会主义改造""消灭私有产权"和"国家工业化"等方式建立起来的国有企业，实际上是作为政府部门的附属机构而存在，依靠行政命令和"社会化大工厂"的模式运营，到 1977 年前后，企业效率的低下已经使得国家财政无法负担，到了不得不改革的地步。在这样的背景下，在不打破原有计划体制框架下，国家通过"放权让利"（向企业下放部分经营权与收益权）开始了国企改革的第一次尝试。

"放权让利"通过调动企业经营者和职工工作积极性、提高企业产出以保证财政收入增长的目的。由于企业的各项计划指标是在上一年度的完成情况基础上制定的，因此，利润包干制度一开始就为企业与政府之间的讨价还价留出了空间，从而不

---

[1] 中国的国企改革更准确地说是"国有企业管理体制改革"或"国有经济改革"，而非对国企本身的改革。

可避免地形成了"鞭打快牛"与"苦乐不均"的现象。政府可以根据经济形势与政治的需要，决定继续下放权利或收回权利。由于主管部门仅仅在利益分配方面开了口子，而没有真正将经营权下放企业，因此企业的效率问题仍然无法解决。因此，对于政府和企业而言，各种以放权让利为特征的改革形式都表现为一种短期的行为。

（二）以"两权分离"为主要特征的改革（1987年～1992年）

两权分离改革开始触及经济体制改革的主体部分。"两权分离"改革的典型方式是承包制，即通过承包方式分离国家所有权与企业经营权，由企业包干利润上缴基数，稳定国家与企业的分配关系，通过调动承包者的积极性来扩大各方的利益总量。

承包制本身并没有改变传统的行政依附型企业体制。政府对企业的干预仍然普遍存在，尤其是当企业经营业绩不佳或工资侵蚀利润问题变得严重时，政府倾向于收回企业的经营权；当外界经济与政策环境变坏、企业无法完成承包任务时，放弃经营权、回归旧体制也往往成为企业的首选。因此，在承包制改革过程中，短期盈利、长期亏损的现象非常普遍。由于经营者与企业职工之间易于结盟，因此在工资攀比与内部人控制情况下出现了严重的工资侵蚀利润现象。预算软约束问题依旧严重，企业负盈不负亏。但是，作为企业组织中最重要的人力资本——企业家才能，在两权分离改革过程中得到了一定程度的重视和发展。

（三）以"建立现代企业制度"为主要特征的改革（1993年～2012年）

从"放权让利"到"两权分离"，再到"建立现代企业制度"，国有企业从被动式改革逐渐转变为主动式改革，改革也进入到核心领域——产权改革。典型举措包括：

（1）"股份制"改革。在沪深证券交易所相继成立、《公司法》正式施行的基础上，1994年，国务院选定了100家国有大中型企业进行建立现代企业制度的试点，各地各部门也选择了2000多家企业进行试点。股份制改革虽然在形式上向现代企业制度迈进了一大步，但政企不分、所有者虚置等本质性问题仍然没有得到解决，有效的公司治理结构也没能建立起来。

（2）"国有企业战略性改组"改革。从1995年开始，国企改革从单个企业试点转为对整个国有经济进行改革，"整体搞活"逐步取代了"单个搞活"的思路。1997年，中央要求用三年左右的时间解决国有企业全面脱困问题，"抓大放小""战略性改组"改革加速推进。在国有企业整体布局方面国家逐步收缩战线，将重点领域确定为：涉及国家安全的行业、自然垄断的行业、提供公共产品和服务的行业，以及支柱产业和高新技术产业中的骨干企业。2003年国资委成立以后，国家把国有企业主要布局在石油石化、电力、国防、通信、运输、矿业、冶金、机械等领域。

（3）"建立国有资产管理体制"改革。2003年3月，国务院国有资产监督管理委员会（国资委）正式成立，并代表国家履行出资人职责，将关系国民经济命脉和国家安全的大型国有企业、基础设施和重要自然资源等纳入管辖范围。2004年6月，全国各省成立了与国资委相应的国有资产管理机构，截至2007年底，全国地市级国有资产监管机构与组织体系的组建工作基本完成。

（四）"十八大"以来的国有企业改革（2013年以来）

2012年中国共产党十八大报告中提出："要毫不动摇巩固和发展公有制经济，推行公有制多种实现形式，深化国有企业改革，完善各类国有资产管理体制，推动国有资本更多投向关系国家安全和国民经济命脉的重要行业和关键领域，不断增强国有经济活力、控制力、影响力。""毫不动摇鼓励、支持、引导非公有制经济发展，保证各种所有制经济依法平等使用生产要素、公平参与市场竞争、同等受到法律保护。"进入2013年之后，不论是中央还是地方，都在分类监管、完善现代企业制度、发展混合所有制经济等方面推出了一系列改革举措。

在中央层面，2013年5月，国务院批转发展改革委《关于2013年深化经济体制改革重点工作的意见》，就2013年深化经济体制改革重点工作提出意见，要求"正确处理好政府与市场、政府与社会的关系"，并要求"抓紧清理有碍公平竞争的政策法规，推动民间资本有效进入金融、能源、铁路、电信等领域"。

2014年4月，国务院批转发展改革委《关于2014年深化经济体制改革重点任务的意见》，提出："经济体制改革是全面深化改革的重点。"要"提高一般性转移支付比例，清理、整合、规范专项转移支付项目，逐步取消竞争性领域专项和地方资金配套"。"加快清理限制非公有制经济发展的法律、法规、规章和规范性文件，推动非国有资本参与中央企业投资和进入特许经营领域。放开包括自然垄断行业竞争性业务在内的所有竞争性领域，为民间资本提供大显身手的舞台。""发挥市场机制对产业结构优化升级的决定性作用。抓紧清理各类优惠政策，强化环保、安全、能耗、用地等标准，通过市场竞争实现优胜劣汰，促进落后、过剩产能退出，推动企业加强管理创新和商业模式创新。"

2014年6月，国务院发布《关于促进市场公平竞争维护市场正常秩序的若干意见》，提出：要"围绕使市场在资源配置中起决定性作用和更好发挥政府作用，着力解决市场体系不完善、政府干预过多和监管不到位问题""打破地区封锁和行业垄断。对各级政府和部门涉及市场准入、经营行为规范的法规、规章和规定进行全面清理，废除妨碍全国统一市场和公平竞争的规定和做法，纠正违反法律法规实行优惠政策招商的行为，纠正违反法律法规对外地产品或者服务设定歧视性准入条件及收费项目、规定歧视性价格及购买指定的产品、服务等行为。"特别是：①放宽市场准入："凡是市场主体基于自愿的投资经营和民商事行为，只要不属于法律法规禁止进入的领域，不损害第三方利益、社会公共利益和国家安全，政府不得限制进入。"②制定市场准入负面清单方面："制定市场准入负面清单，国务院以清单方式明确列出禁止和限制投资经营的行业、领域、业务等，清单以外的，各类市场主体皆可依法平等进入。"③制定政府权力清单："推行地方各级政府及其市场监管部门权力清单制度，依法公开权力运行流程。"

2014 年 7 月 15 日，国资委宣布六家央企率先启动改革试点，内容涉及改组国有资本投资公司、混合所有制、董事会职权改革和派驻纪检组等四项改革。[1]这四项改革释放了四点信号：①改组国有资本投资公司是否会推动国有资本从竞争性领域逐步退出，将国有资本主要投资于公益领域？②混合所有制改革能够取得多大突破？特别是：政府拿出什么东西来混合？民资能占多大比例？混合后会不会受到行政干预？③董事会职权改革能够在多大程度上优化国有企业的公司治理？④派驻纪检组是否意味着国有企业改革与反腐工作相衔接？此外，这次

---

[1] 在国家开发投资公司、中粮集团有限公司开展改组国有资本投资公司试点；在中国医药集团总公司、中国建筑材料集团公司开展发展混合所有制经济试点；在新兴际华集团有限公司、中国节能环保公司、中国医药集团总公司、中国建筑材料集团公司开展董事会行使高级管理人员选聘、业绩考核和薪酬管理职权试点；在国资委管理主要负责人的中央企业中，选择 2~3 家开展派驻纪检组试点。

试点采用因"企"制宜的"一企一策"，由企业提出试点方案，牵头厅局与试点企业进行对接，确保可操作、能落实、有突破、出经验，对企业的方案经专项小组研究后，提交国资委改革领导小组审议，成熟一个，审议一个，实施一个。[1]由企业自主提出改革方案是否会基于维护自身利益的考虑只提"有利于自己"的改革方案？换言之，没有"顶层设计"的"自我改革"是否有足够的激励和动力？

2015年3月，中共中央和国务院发布《关于深化体制机制改革加快实施创新驱动发展战略的若干意见》提出，打破制约创新的行业垄断和市场分割，加快推进垄断性行业改革，放开自然垄断行业竞争性业务，建立鼓励创新的统一透明、有序规范的市场环境。

2015年8月25日，国有企业改革的"顶层设计"《中共中央、国务院关于深化国有企业改革的指导意见》（本章以下简称《意见》）出台。

《意见》指出，国有企业改革的基本原则之一是"坚持和完善基本经济制度"。"这是深化国有企业改革必须把握的根本要求。必须毫不动摇巩固和发展公有制经济，毫不动摇鼓励、支持、引导非公有制经济发展。坚持公有制主体地位，发挥国有经济主导作用，积极促进国有资本、集体资本、非公有资本等交叉持股、相互融合，推动各种所有制资本取长补短、相互促进、共同发展。"

国有企业改革的主要目标为："到2020年，在国有企业改革重要领域和关键环节取得决定性成果，形成更加符合我国基本经济制度和社会主义市场经济发展要求的国有资产管理体制、

---

〔1〕　参见"国资委启动'四项改革'试点工作"，http://news.xinhuanet.com/2014-07/08/c_ 1111518300.htm，最后访问时间：2019年2月12日。

现代企业制度、市场化经营机制，国有资本布局结构更趋合理，造就一大批德才兼备、善于经营、充满活力的优秀企业家，培育一大批具有创新能力和国际竞争力的国有骨干企业，国有经济活力、控制力、影响力、抗风险能力明显增强。"

具体举措主要有七个方面：

第一，分类推进国有企业改革。将国有企业分为商业类和公益类，并通过界定功能、划分类别，实行分类改革、分类发展、分类监管、分类定责、分类考核。按照谁出资谁分类的原则，由履行出资人职责的机构负责制定所出资企业的功能界定和分类方案，报本级政府批准。各地区可结合实际，划分并动态调整本地区国有企业功能类别。商业类国有企业按照市场化要求实行商业化运作。公益类国有企业以保障民生、服务社会、提供公共产品和服务为主要目标，引入市场机制，提高公共服务效率和能力。

第二，完善现代企业制度。包括：①推进公司制股份制改革；②健全公司法人治理结构（重点是推进董事会建设）；③建立国有企业领导人员分类分层管理制度；④实行与社会主义市场经济相适应的企业薪酬分配制度；⑤深化企业内部用人制度改革。

第三，完善国有资产管理体制。包括：①以管资本为主推进国有资产监管机构职能转变。界定国有资产出资人监管的边界，建立监管权力清单和责任清单，实现以管企业为主向以管资本为主的转变。②以管资本为主改革国有资本授权经营体制。改组组建国有资本投资、运营公司，探索有效的运营模式。③以管资本为主推动国有资本合理流动优化配置。④以管资本为主推进经营性国有资产集中统一监管。稳步将党政机关、事业单位所属企业的国有资本纳入经营性国有资产集中统一监管体系，建立覆盖全部国有企业、分级管理的国有资本经营预算管理制度，提高国有资本收益上缴公共财政比例，2020年提高到30%，更多用于保障和改善民生。划转部分国有资本充实社会保障基金。

第四，发展混合所有制经济。包括：①推进国有企业混合所有制改革；②引入非国有资本参与国有企业改革；③鼓励国有资本以多种方式入股非国有企业；④探索实行混合所有制企业员工持股。

第五，强化监督防止国有资产流失。包括：①强化企业内部监督；②建立健全高效协同的外部监督机制；③实施信息公开加强社会监督，设立统一的信息公开网络平台，依法依规、及时准确披露国有资本整体运营和监管、国有企业公司治理以及管理架构、经营情况、财务状况、关联交易、企业负责人薪酬等信息，建设阳光国企；④严格责任追究。

第六，加强和改进党对国有企业的领导。包括：①充分发挥国有企业党组织政治核心作用；②进一步加强国有企业领导班子建设和人才队伍建设；③切实落实国有企业反腐倡廉"两个责任"。

第七，为国有企业改革创造良好环境条件。包括：①完善相关法律法规和配套政策；②加快剥离企业办社会职能和解决历史遗留问题；③形成鼓励改革创新的氛围；④加强对国有企业改革的组织领导。

2015年9月，国务院发布《关于国有企业发展混合所有制经济的意见》，提出："开展不同领域混合所有制改革试点示范。结合电力、石油、天然气、铁路、民航、电信、军工等领域改革，开展放开竞争性业务、推进混合所有制改革试点示范。"

2015年10月25日，国务院发布《关于改革和完善国有资产管理体制的若干意见》，要求"实现政企分开、政资分开、所有权与经营权分离，依法理顺政府与国有企业的出资关系。"包括准确把握国有资产监管机构的职责定位、进一步明确国有资产监管重点、改进国有资产监管方式和手段、建立国有资本布局和结构调整机制、推进国有资本优化重组、稳步推进经营性国有资产集中统一监管等。

2015年12月7日，经国务院同意，国务院国有资产监督管理委员会、财政部、国家发展和改革委员会联合印发了《关于国有企业功能界定与分类的指导意见》，对上述"分类推进国有企业改革"做了细化规定，提出了分类推进改革、分类促进发展、分类实施监管、分类定责考核的一系列举措。按照谁出资谁分类的原则，履行出资人职责机构负责制定所出资企业的功能界定与分类方案，报本级人民政府批准；履行出资人职责机构直接监管的企业，根据需要对所出资企业进行功能界定和分类。根据经济社会发展和国家战略需要，结合企业不同发展阶段承担的任务和发挥的作用，在保持相对稳定的基础上，适时对国有企业功能定位和类别进行动态调整。

但是，上述改革并未触及"金融、文化等国有企业的分类改革"，对于这些行业的国有企业的分类改革，中央另有规定的依其规定执行。

2019年1月25日，在国资委召开的中央企业创建世界一流示范企业座谈会上，进一步明确航天科技、中国石油、国家电网、中国三峡集团、国家能源集团、中国移动、中航集团、中国建筑、中国中车集团、中广核等10家企业为创建世界一流示范企业。据悉，入选的10家央企3年内将在授权、混改、员工持股、股权激励等方面的改革力度空前，各央企于2019年3月底上报各自方案。在授权方面，将统一授权和个性化授权相结合，对示范企业一些共性事项，进行统一授权放权，示范企业也可以提出个性化授权申请，国资委按照"一企一策"研究明确授权事项。同时建立授权调整机制，示范企业不能规范履行所授权力的，国资委将取消授权并追究责任。示范企业可提出创建世界一流企业的核心关键指标，经过国资委同意，纳入对示范企业经营业绩考核范围；法人治理结构完善、内控机制健全、收入分配管理规范的示范企业，可实行工资总额预算备案制；对行业周期特征明显，经济效益波动大的企业，可探索跨年度周期工资总额管理；示范企业可根据有关规定要求，制定企业中长期发展战略规划和年度投资计划，自主决定重大担保管理、债务风险管控和部分债权类融资事项；示范企业自主决策商业一类子企业开展混合所有制改革、员工持股等改革事项，在不低于合理持股比例的前提下自主决策回购和增发一定比例的股份用于开展员工持股或股权激励，并向国资委事中、事后备案。同时，推动所属子资企业依法依规采取股权、期权、分红以及员工持股等多种方式开展中长期激励；对围绕主业发展符合国家战略性新兴产业布局的子企业，对关键核心团队可内部实行市场化薪酬制度；强化科技人员创新激励，鼓励示范企业按照科技型企业股权和分红激励的有关规定，加大对核心团队的激励力度；科技创新型企业可探索实施核心团队员工持股计划；完善容错纠错机制，切实为敢于担当者撑腰鼓劲；示范企业要聚焦核心主业和优势业务，推动企业内部资产和业务深度融合，通过市场化方式实施有效并购重组，推动技术、人才、资本等各类资源向主业集中。国资委研究中心研究员周丽莎表示，这 10 家企业是继 2016 年推出重要领域三批混改试点之后，再次深化石油、电力、天然气、铁路、民航、电信、军工等重点领域的改革。对这些企业主要涉及 8 项放权，对照 2014 年国有资本投资公司的 18 项授权，以及国资委 2017 年 5 月份公布的相关文件 43 项授权，原来只是针对竞争类企业的一些授权在这些企业中也得以落地。[1]

地方层面的国有企业改革比中央层面的改革更早。以上海为例，2013 年 12 月 17 日，上海出台了《关于进一步深化上海国资的促进企业发展的意见》（本章简称《意见一》）；2014 年 7 月 7 日，上海又印发了《关于推进本市国有企业积极发展混合所有制经济的若干意见（试行）》（本章简称《意见二》）。两份意见指明了上海国资改革的基本目标和方向，主要有四大亮点：

（1）实行国企分类管理。比如，《意见一》将国有企业分为"竞争类企业""功能类企业"和"公共服务类企业"三大类，并逐步实现差异化管理。

（2）民资可控制。比如，《意见二》提出，鼓励非公有制企业参与国企改革，鼓励发展非公有资本控股的混合所有制企业。上海明确提出，对于一般竞争性领域的国有企业，则可按照市场规则有序进退、合理流动。这意味着此类企业，国资可以不控股，甚至可以卖壳。

（3）建立公开透明规范的国资流动平台。目前，上海国际集团和上海国盛集团已成为上海市确定的两个国资流动平台。上海国资"混合所有制"改革中，国资流动平台将使部分高度市场化和竞争性领域的国有企业公开、透明、有序地实现国资退出。

（4）逐步提高国有资本收益上缴比例。比如，《意见一》指出，上海国资总资产超过 10 万亿元，为上海市 GDP 贡献超过

---

[1] 参见"10 家央企列入创建世界一流示范企业"，https://baijiahao.baidu.com/s? id=1623682861866569314&wfr=spider&for=pc，最后访问时间：2019 年 2 月 10 日。

20%。但相当数量企业占有大量资源却经济效益低下。因此，到 2020 年要求国有资本收益上缴比例不低于 30%，并建立国资收益资金使用评价制度。

山东、湖南、江苏、天津等地也出台了国有企业改革相关意见。比如，山东省人民政府于 2014 年 7 月 7 日公布了《关于深化省属国有企业改革完善国有资产管理体制的意见》，其主要特色是"同股同权"，保证国资改革由"管资产、管人、管事相结合"向"以管资本为主，加强国资监管"的转变，改变过去国资委"一股独大"，在许多涉及公司具体经营管理层面问题的时候行使"一票否决"的情况。总的来说，大多数地方国企改革意见都仅勾勒了国资改革的"路线图"和"时间表"，"尺度"上鲜有创新与突破，操作层面语焉不详，纵使有几抹亮色，也主要是对原来政府过度介入企业运营情况的一些"矫正"。

此外，还值得关注的一个突破领域是民营银行的放开。早在 2014 年"两会"期间，银监会主席尚福林就表示，有首批 5 家民营银行已经分别在天津、上海、浙江和广东开展试点，试点采取共同发起人制度，每家试点银行至少有 2 个发起人。进入首批试点名单的 10 家民营企业包括：阿里巴巴与万向（浙江）；腾讯与百业源（深圳）；均瑶与复星（上海）；商汇与华北（天津）；正泰与华峰（温州）。根据试点方案，民营银行确定四种经营模式："小存小贷"（限定存款上限，设定财富下限）；"大存小贷"（存款限定下限，贷款限定上限）；"公存公贷"（只对法人不对个人）；"特定区域存贷款"（限定业务和区域范围）。[1] 2014 年 7 月 25 日，银监会正式批复三家试点民营银行的筹建工作，分别为：腾讯、百业源、立业为主发起人，

---

[1] 参见"民营银行试点名单揭晓首批 10 名额"，http://bank.cngold.org/huati/myyhsd2451308.html，最后访问时间：2019 年 2 月 12 日。

在广东省深圳市设立深圳前海微众银行；正泰、华峰为主发起人，在浙江省温州市设立温州民商银行；华北、麦购为主发起人，在天津市设立天津金城银行。毫无疑问，民营银行牌照发放事宜是 2014 年银行业的最大看点。截至 2018 年 10 月，我国已有 17 家民营银行（参见表 3-3）。与四大行相比，民营银行面临资产小、客户基础不深、用户消费习惯难测等先天劣势。以腾讯为例，其主导的民营银行注册资本 30 亿元，按商业银行杠杆率 4%，贷款规模仅为数百亿元。相比全国 60 万亿元贷款规模，显得捉襟见肘。为此，瞄准大银行不做的市场缝隙，在"夹缝中求生存"俨然已是民营银行的生存之道。[1]

表 3-3　我国民营银行名单 [2]

（截至 2018 年 10 月，共有 17 家民营银行获批并开业）

序号	银行	获批时间	定位	第一大股东
1	深圳前海微众银行	2014-7-25	互联网银行	腾讯
2	温州民商银行	2014-7-25	助力小微、服务三农、扎根社区	正泰集团
3	天津金城银行	2014-7-25	公存公贷	华北集团
4	浙江网商银行	2014-9-26	互联网银行	蚂蚁金服
5	上海华瑞银行	2014-9-26	智慧银行	均瑶集团
6	重庆富民银行	2016-5-3	服务小微的普惠银行	瀚华金控

----

〔1〕　参见吉雪娇："民营银行首发阵容出炉 四川 4 家民企力争破冰"，http://cd. qq. com/a/20140730/013239. htm，最后访问时间：2019 年 2 月 12 日。

〔2〕　数据来源：财经风云榜、中国电子银行网，具体可参见：https://www.fengyunbang.com/yinhangzhishi/1778.html；http://www.cebnet.com.cn/20170209/102363024.html. 最后访问时间：2019 年 12 月 25 日。

序号	银行	获批时间	定位	第一大股东
7	四川新网银行	2016-6-7	互联网银行	新希望集团
8	湖南三湘银行	2016-7-26	产业链金融	三一集团
9	安徽新安银行	2016-11-7	区域金融体系的补充者	南翔
10	福建华通银行	2016-11-23	科技金融	永辉超市
11	武汉众邦银行	2016-12-5	交易服务银行	卓尔控股
12	北京中关村银行	2016-12-19	服务科创	
13	江苏苏宁银行	2016-12-16	科技驱动的O2O银行	苏宁云商
14	威海蓝海银行	2016-12-16	深耕蓝海、特存特贷	威高集团
15	辽宁振兴银行	2016-12-19	通存实贷	荣盛中天
16	吉林亿联银行	2016-12-16	智能网络银行	中发金控
17	梅州客商银行	2016-12-29	通存小贷，服务三农两小	宝新能源

二、对国有企业改革历程的评价及展望

(一) 对国有企业改革历程的评价

第一，政府财政困难是引发早期国企改革的最主要原因。最初的国企改革发端于国家财政出现连年赤字的时期，股份制改革的最主要目的是要解决国企的发展资金问题，国有企业的战略性改组也是因为中央财政无法继续负担国有企业的亏损。

第二，迄今为止最成功的改革是国有企业的战略性改组。所谓的"抓大放小"，实质是"甩包袱"和"收缩国有企业战

线"。在"抓大"的过程中，国有企业战线收缩至有盈利潜力的垄断性行业与具有战略意义的稀缺资源领域；"放小"名为放活小型国有企业，实则对其实行民营化，以减少政府的财政压力。这一改革形式实际上是帕累托改进，即主管部门"甩掉了包袱"、原有经营者与职工接手民营化的企业后都因为企业效益提高而受益。如果按照国有企业战略性改组的道路继续走下去，民营经济规模将越来越大，留守的国有企业则逐步向公共性经济领域收缩，中国的市场化改革也将趋于完善。

第三，建立国有资产管理体制是"最主动"的改革之一，但其结果却有可能偏离了国有企业的战略性改组确立的基本方向。在国有资产管理体制建立和发展之后，中央或地方的国资委单独享有了对企业的所有权，国资委和国企经营者成为最终的代理人，并成为国资"事实上"的所有者。这在一定程度上排除了政府其他部门对企业的行政干预，使得国有企业的实际产权得到了加强，但国有企业也因此谋取到了行政垄断权。当主管部门和国有企业的利益渐渐达成了一致，在没有上缴利润要求的体制下，国有企业的经营问题似乎从此得到了解决。实际上，国资委与国有企业之间的"合谋"不仅无法从根本上解决问题，而且还会对市场经济的公平竞争带来"致命"的伤害。

第四，党的十八大之后，我国开始了新一轮国有企业改革，其中以国有企业的分类改革和混合所有制改革尤为突出。如能将公益类和商业类国有企业有效区分，并针对商业类国有企业积极开展混合所有制改革，将为竞争中立制度的引入创造良好条件。但是，国有企业改革同时以做强做大为目标之一，且国资委尚未表态将竞争中立作为改革目标之一，改革进展离 OECD 确立的竞争中立标准还有不少距离。比如，混合所有制改革酝酿时，中石化一度呼声很高，国家电网公司亦有意参加。但两家企业均未纳入试点。尽管国资委强调，这并不影响其他企业正常的改革试点，但这种"行业特殊论"已成为改革的羁绊。此外，参与试点的中国医药集团总公司、中国建筑材料集团有限公司两家央企，开展混合所有制已经多年，而此次列入试点，仅提出在下属板块推进混合所有制，下一步改革方案不仅低于市场预期，甚至落后于央企已有实践。[1]从现在的进展看，国企实行混合所有制，多为增资扩股，主要是对二级或三级子公司加以改造，其中不乏已上市公司。这并不能有效降低国有资本比例。如果混合所有制改革不能从母公司改革入手、不明确民资可以控股、不严格遵循公司治理规则以及明确政府对混合所有制企业不施加行使股东权以外的其他干预，那么混合所有制改革的前景依然堪忧。

当前的国企改革存在很大一个误区，就是一味强调国企改革的市场化，忽视国企本应承担的公益责任。比如，当前混合所有制改革的一个基本思路，就是国有大型企业整体上市，试图变为混合所有制股份公司，完全按照资本市场的规则运作。但是，这种思路至少有两大缺陷：第一，混合所有制应该只适用于竞争性国企，不能适用于非竞争性国企；第二，单纯的混合所有制会导致国企的普遍"唯利化"和"与民争利"，同时在该存在的公益领域缺位。[2]因此，混合所有制改革应当建立在国企"分类管理"的基础之上。非竞争性国企（业务）以实现公共利益为目标，可以实行"官本位"和准公务员管理；竞争性国企（业务）则以实现效益最大化为目标，引入竞争中立，

---

〔1〕　参见胡舒立："混合所有制改革不能再迈'四方步'"，载《乡镇企业导报》2014 年第 11 期。

〔2〕　参见卫祥云：《国企改革新思路：如何把正确的事做对》，电子工业出版社 2013 年版。

遵循市场原则。对于同时存在非竞争性和竞争性业务的国企而言，则需要构建两者之间的"防火墙"机制，要求其对公共项目和商业行为承担独立责任，分别进行预算并区分不同账户管理。

总之，迄今为止，我国国有企业改革的主线仍然是国有资产的资本化（包括国有企业整体上市），即通过对国有资产的经营而获取利润。这是导致国有企业秉持"做大做强"目标的根源。实则，国有企业应该进入市场失灵领域，在市场不能发挥作用的地方发挥作用。国企的"分类管理"是一个很好的开端，可以促进国有企业在原本应该发挥作用的公益领域承担更多责任。

（二）对国有企业改革的展望

尽管我国的国有企业改革取得了举世瞩目的成就，但是改革远未结束。

根据天则经济研究所的建议，国有企业的终极改革目标有两个：其一，将国有企业转变为非营利性公法企业；其二，建立国有资产的宪政治理架构。为实现国有企业的终极改革目标，国企必须从营利性领域（而不单是从竞争性领域）中逐步退出。[1]但是，从当前国企改革的顶层方案《中共中央、国务院关于深化国有企业改革的指导意见》来看，上述建议并未得到采纳。

根据《中共中央、国务院关于深化国有企业改革的指导意见》，国有企业改革的指导思想是："高举中国特色社会主义伟大旗帜，认真贯彻落实党的十八大和十八届三中、四中全会精神，深入学习贯彻习近平总书记系列重要讲话精神，坚持和完

---

〔1〕 参见天则经济研究所："国有企业的性质、表现与改革"，http://www.china-review.com/xiazai/20150916.pdf，最后访问时间：2016年6月10日。

善基本经济制度，坚持社会主义市场经济改革方向，适应市场化、现代化、国际化新形势，以解放和发展社会生产力为标准，以提高国有资本效率、增强国有企业活力为中心，完善产权清晰、权责明确、政企分开、管理科学的现代企业制度，完善国有资产监管体制，防止国有资产流失，全面推进依法治企，加强和改进党对国有企业的领导，做强做优做大国有企业，不断增强国有经济活力、控制力、影响力、抗风险能力，主动适应和引领经济发展新常态，为促进经济社会持续健康发展、实现中华民族伟大复兴中国梦作出积极贡献。"可见，"做强做优做大国有企业"仍然是国有企业改革的目标之一，要求国有企业逐步退出竞争性领域不符合中央精神。

笔者认为，今后的国有企业改革有必要在以下方面作出突破：

1. 明晰国有企业的定位

首先，长期以来，我国对"国有企业"的界定是不清晰的，在不同领域对其有不同的解释。笔者认为，从所有权的角度，国有企业应该明确界定为国家全资或控股的企业。国家参股的企业不应该界定为国有企业。这也应当成为竞争中立的适用范围。

其次，长期以来，国有企业的职能是不清晰的。由于没有科学划分国有企业的类型，国有企业常常既承担保值增值的职能，又承担社会公益职能。这导致国有企业的管理和考核都陷于混乱。目前，《中共中央、国务院关于深化国有企业改革的指导意见》已经将国有企业划分为公益类和商业类，且明确指出：商业类国有企业按照市场化要求实行商业化运作，以增强国有经济活力、放大国有资本功能、实现国有资产保值增值为主要目标；公益类国有企业则以保障民生、服务社会、提供公共产品和服务为主要目标。竞争中立应当只适用于商业类国有企业。但是，在实践中要准确划分商业类和公益类国有企业并非易事，如何划分还需实施细则的进一步出台。

2. 明确国资委的角色

从《企业国有资产监督管理暂行条例》《企业国有资产法》《国务院国有资产监督管理委员会主要职责内设机构和人员编制规定》对国务院国资委职责的规定来看，我国的国资委是集履行出资人职责的机构、国有资产监督管理机构和国有资产监督管理规则制定机构三重身份于一身的"超级出资人"，代表本级政府履行出资人职责、监督管理国有资产职责、制定国有资产监督管理规则的职责这三种职责。由此产生了"普遍性关联关系"无法克服、政企不分和政资不分问题未能解决、国有资产监管规则制定职责的选择不合理、履行出资人职责的机构没有受到应有的监督等诸多问题。[1]面对这些问题，学界的改革方案基本上可以概括为两大主张：

一是"大国资委说"，主要包括"全覆盖说""行业国资委说"和"多个国资委说"三种观点。"全覆盖说"主张：国资委应该作为同级政府所有国有企业（包括金融企业）的出资人，同时作为上述所有国有企业的监管者和监管规则制定者。"行业国资委说"主张：将行业所有国有企业由"行业国资委"履行出资人职责，实行行业内"全覆盖"，比如成立金融国资委、文化国资委。"多个国资委说"主张：将国资委所属的国家出资企业，分割为由不同的类似国资委的机构履行出资人职责和监管职责的国家出资企业。

二是"小国资委说"，主要包括"干净的出资人说"和

---

[1] 参见王新红："论企业国有资产管理体制的完善——兼论国资委的定位调整"，载《政治与法律》2015年第10期。

"单纯的监督者说"两种观点。"干净的出资人说"主张：剥离国资委的监管职责，使其做干净的出资人。"单纯的监督者说"主张：国资委应当履行监督职责，也应当仅履行监督职责，不宜作为出资人代表。

笔者更加赞同"单纯的监督者说"，即建议将国家出资企业（比如国有资本投资运营公司）直接提升为履行出资人职责的机构，减少委托代理层级，国资委则为对履行出资人职责的机构进行监督的机构。这样一来，不仅能够理顺国资管理体制，真正实现政企分开，还能对出资人予以监督，消除"因为国资委本身缺少监督和约束而极易向国有企业管理层让步，使其侵吞国有资产及其增值部分"[1]的弊端。

3. 优化国资管理体制

《中共中央、国务院关于深化国有企业改革的指导意见》希望通过组建国有资本投资运营公司的方式改善国资管理体制，从原来的两层次管理体制（国有资产监管机构——国有投资控股企业）向三层次管理体制（国有资产监管机构——资本投资运营公司——国有投资控股企业）转变。

但是据学者考察，深圳曾经进行过三层次改革，但是失败了，最终还是回到了两层次管理体制。[2]原因在于：在三层次体制下，权责利在国有资产监管机构和资本投资运营公司之间很难划分。比如，在对国有独资、控股企业行使管人、管事、管资产这些出资人权利过程中，国资委和投资公司之间长期处于争执、矛盾之中。在两个层次的出资人的体制下，对国有独

---

〔1〕　参见陈希、潘妙丽："地方国资国企改革政策比较研究"，载《公司金融研究》2015年第4期。

〔2〕　参见张思平："国资管理体制：'两层次'与'三层次'的比较"，载《21世纪经济报道》2016年5月6日，第4版。

资控股企业来讲，往往形成"婆婆加老板"的格局，增加了管理层次，降低了效率。

因此，单纯的三层次体制很可能不足以实现从管资产到管资本的转变，反而拉长了委托代理关系，模糊了出资人权利。

在中国当前的体制下，一方面，在"党管干部"的前提下，国有企业的主要领导仍然由中央组织部或国资委任命，国企高管的完全市场化不太可能；另一方面，现有法律（特别是刑法）对国有资产的特别保护使得国企领导为了避免担上国有资产流失的罪名而不敢让国有企业的资产出现亏损，也就不敢完全按照市场化方式运作国有企业。

但是，笔者认为，在将国有资本投资运营公司直接改造为出资人方面，可以有所行动。即，将国资委改造为单纯的监督者，国有资本投资运营公司则直接提升为履行出资人职责的机构，仍然维持两个层级的国资管理体制，但是理顺出资人和监管者的关系，减少委托代理关系，促进政企分开。

4. 将混合所有制改革落到实处

当前的国有企业改革存在很大一个误区，就是一味强调国企改革的市场化，而忽视了国企本应承担的公益责任。当前混合所有制改革的一个基本思路，就是国有大型企业整体上市，试图变为混合所有制股份公司，完全按照资本市场的规则运作。但是，这种思路的不足之处在于：

第一，混合所有制只适合于商业类（竞争性）国企，对于公益类（非竞争性）国企并不适用，因为非竞争性国企本应承担国家公益职能，不具有营利性目标，不宜市场化。

第二，单纯的混合所有制会导致国企的普遍"唯利化"和"与民争利"，同时在该存在的公益领域（比如医疗、养老、住房保障等）缺位。[1]因此，当前最紧要的不是在全国各地普遍上马混合所有制改革，而是先行实现国企"分类管理"，将国有企业准确划分为竞争性国企和非竞争性国企（包括公益性和垄断性国有企业）。[2]

在此基础上，对于竞争性国有企业实行混合所有制改革和民营化，退出后的资金可以划转全民社保基金；[3]对于非竞争性国企则不能"股份化"，不宜建立"现代企业制度"和"现代产权制度"，应该采取国有形式，实行"官本位"和准公务员管理（实行行政级别制和专业人员职务聘任制），探索科学管理模式和激励机制。

5. 进一步改善公司治理模式

从实践运行效果来看，国资委委派的外部董事相较于上市公司的独立董事而言，有更大的权威和独立性，其监督绩效要好于上市公司的独立董事。但目前外部董事薪酬太低，直接影响其在国企内部的监督地位——薪酬在某种程度上代表权力。"因此，长远来看，应改善外部董事薪酬，由企业通过国资委，直接配给外部董事年度工作经费，使其可从企业外部聘任工作人员，收集日常经营管理中的信息，更好地分析评价议案，提高监督绩效。"[4]

---

〔1〕　参见卫祥云：《国企改革新思路：如何把正确的事做对》，电子工业出版社 2013 年版。

〔2〕　或者更准确的说法是，划分国有企业的竞争性业务和非竞争性业务，对于竞争性业务逐步放开，对于非竞争性业务收归国有，实施特殊监管。

〔3〕　对此，上海的做法值得借鉴。比如《意见二》明确，要利用国内外多层次资本市场，推动具备条件的企业集团实现整体上市，成为公众公司，发挥国有控股上市公司资源整合优势，推进竞争类国有企业主营业务资产、功能类和公共服务类国有企业竞争性业务资产上市，提高证券化水平。

〔4〕　蒋大兴："超越国企改革的观念谬误"，载《中国法律评论》2016 年第 2 期。

6. 将竞争中立纳入国有企业改革议程

从经营绩效角度来看，目前国有企业所取得的经营业绩有多大成分来自于企业效率的提高还存在诸多的争议，但国有企业通过免费或极低的价格占用土地及其他要素资源，在全球资源性要素价格快速上涨以及在市场需求持续扩大的条件下获取大量收益，则是显而易见的。

从竞争的公正性来看，由于国有企业长期垄断着一些关键性的行业与部门，并且凭借垄断力量不断排挤、吞并其他市场竞争主体，对市场规则造成了极大的破坏，已经成为阻碍国民经济健康发展的主要因素。

因此，有必要将竞争中立的理念及其制度构建纳入到国有企业改革的议程之中，将建立公平竞争的市场环境作为国有企业改革的目标之一。

三、竞争中立制度的确立有赖于进一步的国企改革

我国国有企业改革的目标与竞争中立的目标并不完全相同。前者起初主要是为了摆脱国有企业长期亏损的困难局面，后来逐渐演变为"做大做强"国有企业，推动实现国家"冠军队"，在涉及国计民生和国民经济命脉的关键行业占据主导地位。后者则指向明确，是为了实现不同形式企业之间的公平竞争。

但是，应当注意到，国有企业改革的历程在效果上间接为实现公平竞争创造了基础。从20世纪80年代开始，中国在国有企业制度的改革中始终坚持"企业化"和"公司制"的改革道路，逐步地将国有企业推向市场，获得了巨大的成功。绝大部分竞争性行业的国有企业已经蜕变成为真正的市场主体，国有资产的监管体制也已经发生了根本性的变化。最新数据显示，在公司制改制方面，中央企业集团公司层面68家全民所有制企业已

经全部完成改制，全国国有企业公司制改制面已达到94%。[1]在国有企业内部建立现代企业制度、取消或放松对各行业的管制、推动国有资产的证券化、发展混合所有制经济和分类监管国有企业等，都是不断市场化和引入竞争的过程。换言之，中国虽然尚未普及竞争中立理念，更未正式提出竞争中立制度框架，但是中国针对国有企业的一系列改革和监管措施本身可以看作是竞争中立政策的一部分。可以认为，一部中国经济体制改革的发展史，也是竞争中立政策在中国逐步确立的过程。

但是，同时也要认识到，以分类改革和混合所有制为重点的新一轮国有企业改革并不能消解国际社会对我国国有企业享有不公平竞争优势的担忧。正如有学者所言，根据美国将国有企业认定为"公共机构"的逻辑，或者根据TPP/CPTPP关于国有企业的界定，即便我国国有企业进行了功能界定和分类经营改革以及混合所有制改革，仍不能摆脱被认定为"公共机构"的命运。[2]因此，进一步推进国有企业改革并非目的本身，而是推动中国竞争中立框架正式确立的基础。解决这一问题不仅需要构建中国版的竞争中立制度体系，还需适当输出中国版的竞争中立理念。这应该是一个长期战略规划而非短期战术手段。

第三节　自由贸易协定与竞争中立

中国目前已签署自贸协定19个（参见表3-4），涉及24个国家和地区，分别是中国与东盟、新加坡、巴基斯坦、新西兰、

[1] 参见高江虹："国资委回应央企经济提速增效，坚持'竞争中立'原则"，载凤凰网，http://wemedia.ifeng.com/82490009/wemedia.shtml，最后访问时间：2019年2月11日。

[2] 参见石伟：《"竞争中立"制度的理论和实践》，法律出版社2017年版，第152~155页。

智利、秘鲁、哥斯达黎加、冰岛、瑞士、韩国、澳大利亚、格鲁吉亚、马尔代夫以及毛里求斯的自贸协定，内地与香港地区、澳门地区的《关于建立更紧密经贸关系的安排》（CEPA）。

表3-4　中国已经签署的自贸协定

序列号	国家或地区
1	马尔代夫
2	格鲁吉亚
3	澳大利亚
4	韩国
5	瑞士
6	冰岛
7	哥斯达黎加
8	秘鲁
9	智利
10	新西兰
11	巴基斯坦
12	新加坡
13	东盟
14	中国香港地区、中国澳门地区
15	东盟（"10+1"）（升级）
16	智利（升级）
17	新加坡（升级）
18	巴基斯坦（第二阶段）
19	毛里求斯

正在谈判的自贸协定 12 个（参见表 3-5）。其中，RCEP 自 2012 年 11 月启动以来取得重要进展，有望在 2020 年结束谈判。2014 年 APEC 峰会正式启动 FTAAP 进程。2015 年中国分别同澳大利亚和韩国签署自贸协定，对推动 RCEP 和 FTAAP 进程具有重要意义。

表 3-5 中国正在谈判的自贸协定

正在谈判的自贸协定	涉及国家（地区）
中国—海合会	沙特阿拉伯、阿联酋、科威特、阿曼、卡塔尔和巴林 6 个海合会成员国
中国—挪威	挪威
中日韩	日本、韩国
《区域全面经济伙伴关系协定》（RCEP）	东盟 10 国、日本、韩国、澳大利亚、新西兰、印度
中国—斯里兰卡	斯里兰卡
中国—以色列	以色列
中国—新西兰自贸协定升级谈判	新西兰
中国—摩尔多瓦	摩尔多瓦
中国—巴拿马	巴拿马
中国—韩国自贸协定第二阶段谈判	韩国
中国—巴勒斯坦	巴勒斯坦
中国—秘鲁自贸协定升级谈判	秘鲁

中国目前已经签署的自由贸易协定中，在与智利、新西兰、新加坡、秘鲁、哥斯达黎加、冰岛、瑞士、韩国和澳大利亚的自贸协定中均存在竞争条款。但是，竞争规则单独成章的只有

中冰、中瑞和中韩三个自贸协定。

其中，中冰、中瑞两个自贸协定在竞争问题上只做了原则性的表述：①缔约方原则性地认识到，反竞争行为会损害协议所产生的效益；②缔约方适用各自竞争法，不干预各自竞争执法机构的执法独立性；③缔约方竞争执法机构应就与竞争章节相关的事宜开展合作和协商，在符合各自法律以及保密规定的前提下，双方的合作包括信息交流等内容，但并未规定具体的执法合作机制；④竞争章节项下的任何争议应通过缔约方之间协商解决，任何一方均不得诉诸自贸协定项下的争端解决机制；⑤竞争章节适用于缔约方的所有经营者，包括根据法律享有特殊或排他性权利的经营者，但"不应妨碍其履行法定职能"。这是两个协定中唯一与"竞争中立"相关的表述。

中澳自贸协定没有专门的竞争章节，但是在第 16 章 "一般条款与例外" 之中，专门有一条（第 7 条）规定了竞争合作，并对合作的方式作出了具体规定，包括：①信息交换；②通报；③在跨境执法事务中进行协调，就双方均进行审查的案件交换意见；④技术合作。并且，还指出上述合作 "可通过双方竞争机构之间新的或现有的合作机制进行提升"，并 "在不影响双方竞争机构独立性的前提下，双方同意在本条项下根据各自法律、法规和程序，利用其合理可用的资源开展合作"。

相比之下，中韩自贸协定是目前为止中国参与的自贸协定中竞争规则规定得最为详细的一个。上述三个协定针对竞争问题均只有 1 个条文，而中韩自贸协定不仅专门在第 14 章规定了 "竞争政策"，而且条文多达 13 条，对竞争政策的目标、竞争法和竞争机构、执法原则、透明度、竞争法的适用、竞争执法的独立性、合作以及磋商机制等作出了具体规定。

相比于上述几个协定，中韩自贸协定在以下方面取得了突破：①明确了竞争执法时应遵循"透明、非歧视和程序正义原则"，确保"各缔约方给予非本方相对人的待遇应不低于本方相对人在同等条件下享有的待遇"，以及相对人在表达意见、提出证据、依法申请行政复议或提起行政诉讼等方面的权利；②强调了"透明度"的重要性，包括公开有关竞争政策的法律法规、公开决定和命令、以书面形式作出最终行政决定并提供事实和法律依据；③细化了合作的具体形式，包括通报、磋商、信息交换、技术合作等方式；④在重申竞争规则适用于所有经营者的情况下，针对公用企业以及享有特殊权利或排他性权利的企业遵守竞争规则作出了特别规定：缔约双方均不应该采取或维持与"透明、非歧视和程序正义原则"不一致的措施，且缔约双方应保证上述企业受本国竞争法约束，但"上述原则和竞争法的实施不应在法律上或事实上阻碍上述企业执行指派给该企业的特殊任务"。

上述规定含有确保"公平竞争"的目标，这与竞争中立的理念一致。但是，这些规定仅适用于竞争法的实施，并非专门针对国有企业或指定垄断，因此并非严格意义上的竞争中立规则。相比于 TPP/CPTPP 这样的高标准国际经贸规则，中韩自贸协定（FTA）至少在竞争中立议题上尚有不小差距。

表 3-6 FTA 与 TPP/CPTPP 竞争中立规则对比

	TPP/CPTTP	FTA
国企定义	第 17.1 条	未作规定
透明度义务	第 16.7 条、第 17.10 条、第 26.2~26.5 条	第 18.1 条、第 18.2 条
非歧视义务	第 17.4 条	第 14.3 条

	TPP/CPTTP	FTA
不滥用垄断地位义务	17.4 条	未作规定
非商业支持义务	17.6 条	未作规定
商业考虑义务	第 17.4 条	未作规定

在正在谈判的自贸协定中，东盟十国发起、包括中、日、韩等国家在内的 RCEP，在很大程度上被认为是对 TPP 和 TTIP 的"补充"乃至"替代"。但是，由于 RCEP 的成员主要是发展中成员，竞争条款相比于直接削减贸易和投资壁垒的条款而言是次要的。显然，RECP 成员都明白，如果试图纠结于推动实质性的竞争条款，无疑会延缓谈判，并弱化对更重要和更根本的降低直接贸易壁垒的谈判。

因此，未来 RCEP 的竞争规则很可能会建立在 RCEP 成员已经参与的自由贸易协定的基础上。比如，《东盟-澳大利亚-新西兰自由贸易协定》为 RCEP 提供了有益的参考。该协定认识到竞争和削减反竞争行为的重要性，但它没有明确签约国必须实施哪些反竞争措施，且明确排除了磋商和争端解决条款，明确签约国都有权自主"开发、设定、管理和执行自己的竞争法律和政策"。因此，在竞争问题上，RCEP 最终很可能只会宣示性地指出竞争和削减反竞争行为的重要性，明确缔约方有权自主"开发、设定、管理和执行自己的竞争法律和政策"。因此，在竞争中立问题上，RCEP 不太可能形成系统的规则，也不可能对 TPP/CPTPP 和 TTIP 形成冲击。

在竞争问题上，一直以来中国政府都倾向于选择自愿合作的方式，即通过双边竞争执法机构之间的协商和合作（比如签署合作备忘录）的方式解决竞争问题，而不愿意受到具有法律约束力的区域或双边贸易协定的制约。这是因为，一旦受制于区域或双边的贸易协定，中国竞争执法机构的执法独立性就会受到挑战。

在竞争中立问题上，这个问题就更加敏感，很可能会导致中国整个经济体制的重大变化，危及基本的经济体制和制度。但是，在谈判过程中，外方已经向我提出国际礼让、争端解决适用等敏感要价。[1] 随着中国竞争法律制度和执法经验的不断完善以及国企改革的进一步深入，可以预见，在未来中国参与的区域或自由贸易协定中，将会出现越来越多的且更为细化的竞争条款（包括竞争中立条款）。但是在竞争中立问题上，短期内还不太可能出现包括建立投诉机制以及争端解决机制这样的条款。

第四节　国内自贸区与竞争中立

一、国内自贸区有关竞争中立的既有探索

中国已经在国内自贸区开展竞争中立探索。

以上海为例，目前上海自贸区已经出台了有关经营者集中反垄断审查、反价格垄断工作、反垄断协议、滥用市场支配地位和行政垄断执法工作以及反垄断工作联席会议制度的相关规定。《中国（上海）自由贸易试验区条例》中的若干条款更是直接体现竞争中立内涵。比如，第47条规定："自贸试验区内各类市场主体的平等地位和发展权利，受法律保护。区内各类

---

〔1〕　参见王李乐："区域自贸协定竞争问题谈判：现状与发展"，载《国际经济合作》2013年第11期。

市场主体在监管、税收和政府采购等方面享有公平待遇。"该条规定已经体现出监管中立、税收中立和政府采购中立等内涵。此外，第 12 条"自贸试验区在金融服务、航运服务、商贸服务、专业服务、文化服务、社会服务和一般制造业等领域扩大开放，暂停、取消或者放宽投资者资质要求、外资股比限制、经营范围限制等准入特别管理措施。"，第 13 条"自贸试验区实行外商投资准入前国民待遇加负面清单管理模式"，第 14 条第 1 款"自贸试验区推进企业注册登记制度便利化，依法实行注册资本认缴登记制"等，均体现了放宽市场准入、促进自由和公平竞争的内涵。

但是，上述规定在竞争中立的制度构建方面仍然是不完整的。因此，有学者建议从"建构性的立场"对自贸区的竞争中立制度予以解释，并通过竞争评估、竞争倡导和竞争执法等方式兑现竞争中立制度安排。[1]

二、国内自贸区有关竞争中立的进一步探索建议

笔者认为，在国内层面，近期来看，中国可以借助于国内自贸区的"试验"探索国有企业的竞争中立。比如，可以有选择性地将总部在自贸区的国有企业进行试点，或者有选择性地选择一部分国有企业按 TPP 目前披露的规则进行压力测试。

具体来说，可以开展以下探索：

第一，探索分类管理制度。尽管中央已经明确将国有企业划分为公益类和商业类，上海将国有企业划分为竞争类、功能

---

〔1〕 参见张占江："《中国（上海）自由贸易试验区条例》竞争中立制度解释"，载《上海交通大学学报（哲学社会科学版）》2015 年第 2 期；张占江："中国（上海）自贸试验区竞争中立制度承诺研究"，载《复旦学报（社会科学版）》2015 年第 1 期。

类和公共服务类，但是具体如何划分目前仍然没有出台指导意见。因此，可以在自贸区内探索国有企业的"分类管理"，并向社会公开分类的依据和结果。

第二，探索信息披露机制。[1]包括：①针对国有企业的信息披露机制。自贸区内的国有企业按照上市公司的要求建立信息披露机制，除国有企业商业活动外，将其承担的社会责任以及所享有的政府补贴和政策优惠予以披露。同时，披露其运作成本，包括提供公共服务的成本和商业运作的成本，防止国有企业利用对公共服务的政府补贴进行与民营企业竞争的商业行为。此外，要求国有企业披露独立年度审计报告等。②针对政府的信息公开机制。自贸区管委会可以建立高质量的政府信息公开机制，公开披露与公平竞争相关的政策、措施与活动。③透明化的外资审查机制。自贸区管委会可以建立跨部门的外商投资国家安全审查机构，与发达国家对外商投资的国家安全审查委员会职能对等，根据国家军事、经济安全等方面的细则就投资项目进行审查。

第三，制定国有资本投资"正面清单"。2015 年 11 月，国务院下发了《关于改革和完善国有资产管理体制的若干意见》（国发〔2015〕63 号），规定国有资产监管机构根据政府宏观政策和有关管理要求，建立健全国有资本进退机制，制定国有资本投资负面清单，推动国有资本更多投向关系国家安全、国民经济命脉和国计民生的重要行业和关键领域。笔者认为，相比于"负面清单"，国有资本投资更宜建立"正面清单"，即在分类管理的基础上，明确国有企业可以进入哪些领域，除此之外的领域均不得进入。纳入"正面清单"的行业或领域应当是关

---

〔1〕 参见赵晓雷等："中国（上海）自贸试验区实施竞争中立操作方案设计"，载《科学发展》2014 年第 11 期。

系国家安全、国民经济命脉和国计民生的重要行业和关键领域。除此之外的竞争性领域，一般情况下不得再新设国有企业，避免"与民争利"。

第四，率先探索实施公平竞争审查制度。在自贸区内，率先探索让竞争主管部门参与政府规则（特别是监管规则）的制定，对规则可能对公平竞争产生的影响提出建议，从源头上杜绝不公平竞争规则的出现。实践中，可以赋予竞争主管部门针对自贸区的立法和政策提出意见的权力，包括审查相关规则和政策出台可能会对公平竞争产生影响的权力。即在竞争中立框架下评估拟制定的规则，使国有企业的运营环境尽量与民营企业相同。或者，可以在自贸区成立跨部门的公平竞争委员会，邀请不同所有制企业代表以及专家代表进入委员会。公平竞争委员会实行任期制，其职能可以包括：一是拟定自贸区竞争政策和法规；二是审核税务、金融、政府采购等涉及公平竞争的事宜；三是调查有违公平竞争和公平交易的事件及企业；四是参与国际经贸投资规则的研究和交流；五是其他有关公平竞争的事宜。[1]

第五，探索构建投诉机制。可以赋予自贸区管委会接受投诉的职责，或者建立专门机构（比如"公平竞争委员会"）负责处理申诉案件。

第六，开展竞争评估。"竞争评估"指对可能影响竞争的相关政策予以评估，包括对可能影响竞争中立的政策予以评估。竞争评估可以由专门机构进行（比如"公平竞争委员会"），也可委托给独立的咨询或研究机构，为政府制定和完善相关政策提出有针对性的政策建议。

---

〔1〕 参见赵晓雷等："中国（上海）自贸试验区实施竞争中立操作方案设计"，载《科学发展》2014 年第 11 期。

第七，将竞争中立理念"嵌入"自贸区产业政策（特别是针对国企的产业政策）之中，协调好自贸区竞争政策与产业政策的关系。比如，逐步削减针对国有企业的融资、信贷方面的优惠，使得"优惠型"产业政策向"普惠型"产业政策演变。

第四章
竞争中立规则的制度建构
CHAPTER 4

本章内容提要：考察中国推行"竞争中立"政策的基本立场、制度建设以及将其作为政策工具时的评价方法，提出具有中国特色的"竞争中立"政策。

第一节　中国在竞争中立问题上的基本立场

中国官方对竞争中立的态度近年来有很大的转变。在很长一段时间里，中国没有任何官方文件或官员对"竞争中立"予以正式表态。但是，2017 年国务院发布的《"十三五"市场监管规划》明确提出在我国"实行竞争中立制度"的要求。2018 年，若干高级别官员也相继明确表示支持竞争中立。比如，2018 年 10 月 14 日，中国人民银行行长易纲在 G30 国际银行业研讨会上发言表示，为解决中国经济中存在的结构性问题，将加快国内改革和对外开放，加强知识产权保护，并考虑以"竞争中性"原则对待国有企业。[1] 2018 年 10 月 15 日，国务院国有资产监督管理委员会副秘书长、新闻发言人彭华岗回答记者提

---

[1] 参见新伟："易纲行长在 2018 年 G30 国际银行业研讨会的发言及答问"，https://www.guancha.cn/economy/2018_10_14_475395.shtml，最后访问时间：2019 年 2 月 11 日。

问时指出，经过 40 年的改革开放，改革以后的国有企业和其他所有制企业是一样的，依法平等使用生产要素、公平参与市场竞争，同等受到法律保护，这与"竞争中性"原则是一致的。[1] 2018年 11 月 6 日，市场监管总局局长张茅在上海举行的首届中国国际进口博览会"质量基础设施促进贸易便利化并推动高质量发展"论坛上表示：今后将采取竞争中立政策，对内资外资、国有企业和民营企业、大企业和中小企业一视同仁，营造公平竞争的市场环境。[2] 可见，虽然在如何构建竞争中立制度方面尚未形成共识，但是至少官方层面已经开始接受竞争中立概念。这为下一步开展竞争中立制度建设扫除了观念上的障碍。但是，要构建"中国版"竞争中立制度体系，首先要正视中国国有企业本身的竞争优势和劣势。

一、正视中国国有企业的竞争优势和劣势

（一）国有企业的竞争优势[3]

1. 政府补贴优势

从 1994 年至 2006 年，国家财政用于国企亏损的补贴达到了3 653 亿元。据不完全统计，2007 年至 2013 年，国有及国有控股工业企业获得财政补贴约为 2 741 亿元。

---

〔1〕　参见祝嫣然："国企改革已符'竞争中性'原则，还要提倡'所有制中立'"，https://www.yicai.com/news/100040010.html，最后访问时间：2019 年 2 月11 日。

〔2〕　参见李晓喻："中国官方明确将采取竞争中立政策"，https://baijiahao.baidu.com/s? id=1616369088988833143&wfr=spider&for=pc，最后访问时间：2019 年 2 月11 日。

〔3〕　参见以下相关数据主要来源于天则经济研究所："国有企业的性质、表现与改革"，http://www.china-review.com/xiazai/20150916.pdf，最后访问时间：2016年 6 月 10 日。

补贴的形式多种多样。比如，按工业用地价格 3% 的比例计算工业土地租金，2001 年至 2013 年国有及国有控股工业企业共应缴纳地租 64 260 亿元，占国有及国有控股工业企业名义利润总额的 53.5%。如果再考虑商业服务用地，仅 2013 年一年，国有企业就应交纳 12 409 亿元地租。

2. 信贷融资优势

在我国的信贷市场上，占主导地位的依然是几大国有商业银行。由于国有企业和国有商业银行均由政府投资，因此国有企业相对易于取得贷款。此外，由于存在资产规模差异等原因，也导致私营企业较难以获得贷款，并且贷款成本也高于国有企业。银行为国企提供贷款的优惠措施通常包括提供优惠利率、无担保贷款等。

按照天则经济研究所的计算，国有及国有控股工业企业平均实际利息率为 1.6%，其他企业加权平均的实际利率（视为市场利率）则约为 4.68%。若按照市场利率水平重新计算国有企业应支付利息，2001 年至 2013 年利息支付差额共计约 57 124 亿元，占国有及国有控股工业企业名义利润总额的 47.59%。

3. 税费优势

按照天则经济研究所的计算，2007 年至 2009 年，992 家国企所得税的平均税负为 10%，民企的平均税负达到 24%。

自 1994 年至 2007 年，国有企业没有上交一分钱利润。2009 年，国有企业利润上缴比例仅约 6%，其余利润都在企业内部分配。2010 年，该比例降至 2.2%，2013 年略提升到 5.36%。而央企上缴的红利目前主要在央企体系内部转移，尚没有体现出惠及民众的意义。

在特定行业，国企的优势更加明显。比如，2011 年 11 月之前，石油的资源税平均仅为每吨 26 元，加上按销售收入的 1%

计征的资源补偿费，我国对石油征收的资源租金不足价格的2%，远低于我国向合资企业征收的12.5%的比例。即使加征了特别收益金，也不能完全实现资源所有者的权益。根据天则经济研究所的计算，2001年至2013年，国有及国有控股工业企业少交纳的石油资源租金约为5 603亿元。加上天然气和煤炭等自然资源，国有及国有控股工业企业在2001年至2013年间共少交纳资源租金约11 138亿元。

4. 监管优势

通过对国家部委官员的履历统计发现，在19个部委的183名副部级以上官员当中，具有国有企业工作经历的就有56人，比重达到30.6%。通过对123家中央企业的高管履历统计发现，在有信息披露的47家企业当中，一共有115名高管具有政府工作背景，平均每家企业2人。因而，可能会产生一些问题。

同时，由于行政部门拥有制订法律的实施条例、指导意见和部门规定等权力，因此，通过政府官员与国企高管之间的"旋转门"制度，国有企业更能获得"行政立法"的支持或优先得知行政政策的动向，从而在调整企业的经营活动和获得政策扶持等方面更具优势。

（二）国有企业的竞争劣势

1. 企业社会责任更重

首先，由于中国国企多为大型企业且历史悠久，拥有众多在职员工和退休员工，因此，职工福利支出成为其需承担的较大成本。国有企业的平均工资要高于非国有企业。比如，2013年，非国企单位的人员平均工资为50 848元，国有企业人员的人均工资52 388元，比非国有企业高3%；但在人均劳动者报酬上，国有企业比非国有企业高234%，比私营企业高24%。行业之间在工资上存在巨大差异，2008 年，垄断行业职工人均年收入达 12.85 万元，约为当年全国在岗职工年平均工资 18 364 元的 7 倍。在收入最高的 5 个工业行业中国有企业的比重最高，在收入最低的 5 个工业行业中国有企业比重最小。再比如，按照现行的公积金制度规定，职工和单位公积金缴存比例均不得低于职工上一年度月平均工资的 5%，原则上不高于 12%。但是，不少垄断行业的国企和事业机关将这一比例提升到 20%。还有些国有企业利用国家无偿划拨的用地进行单位集资建房，或者国有企业购买市场上的商品房，以较低的价格出售给本企业员工。

其次，作为国有资产的一部分，国有企业替政府承担着部分社会职责，如在经济不景气时期，国有企业必须承诺不得裁减员工，甚至需要为政府接纳部分下岗人员。因此，相较而言，国有企业的自主经营权和人事管理权受到了一定的限制。社科院《中国 100 强企业社会责任发展指数（2010）》报告显示，2010 年企业社会责任排名中，社会责任卓越者与领先者行列中，国有企业 12 家（均为中央企业），民营企业 2 家，没有外资企业。国有企业卓越者与领先者社会责任发展指数平均得分为 68.4 分，比民营企业高 3.1 分。

2. 承担公益职能

很多国有企业存在公益职能，维护国计民生是其首要目标，维护资产和经营稳定是国家对国有企业的要求。因此，国有企业并不能同私营企业一样，为增加自己的资产而自由投资于其他行业，必须结合国家的产业政策，通过政府严格审批等程序。由此，相比于私营企业，国有企业可能会受到更为严格的监管，例如更为严格的报告义务。

3. 治理模式带来的非效率

由于国有企业受到国家相关政府部门的直接管理，因此国有企业的经营活动常需要通过繁琐的行政请示审批程序，一定程度上影响了企业的自主经营权及治理效率的发挥。国有企业较长的"代理链条"，也使得出资人与管理者之间存在着更为突出的"信息不对称"，降低公司治理的效率。并且，由于国企的激励机制较缺乏，而处罚机制相对严格，一旦国企管理人员或工作人员实施的创新活动出现风险，将可能受到严格的行政处罚，因此，国企管理层及工作人员常抱着"不求有功，但求无过"的经营心理，一定程度上也导致企业创新机制的退化。

（三）总体评价：优势大于劣势

尽管国有企业在与非国有企业竞争时仍然存在一些劣势，但是这些劣势一方面源于饱受诟病的垄断利益（比如高工资、高福利），另一方面正通过国有企业改革一步步消解（比如区分公益类和商业类国有企业、改善国有企业治理模式等），因此，国有企业的竞争劣势正在逐步降低。相比之下，国有企业的竞争优势长期存在且难以单纯通过国有企业改革化解。因此，需要借助于竞争中立制度予以规范。

二、竞争中立理念与我国的体制改革目标一致

目前为止，中国没有任何官方文件对"竞争中立"予以正式表态。我国现有法律法规中，并没有直接规定竞争中立制度，只是在一些法律法规的条款中，体现了"营造公平竞争环境，维护市场主体的公平竞争"的理念。尽管诸多立法和政策文件中都支持"公平竞争"，但这并不直接和竞争中立挂

钩。[1]中国对竞争中立的研究和讨论，更多地集中在国际经贸领域，特别是聚焦在如何应对美欧等以 TPP/CPTPP 和 TTIP 为代表的大型区域贸易协定可能对中国带来的冲击。绝大多数人还没有竞争中立的意识，更别说依靠竞争中立规范国有企业的行为。

目前，中国正积极推进 RCEP 谈判、中日韩自由贸易区谈判。支持开放的贸易体系，包括多边和双边的贸易安排，这是十八届三中全会文件里明确的政策。因此，在这方面，竞争中立又是中国不得不面对的领域。

笔者认为，从根本上讲，中国经济体制改革的目标与竞争中立的内涵具有一致性。竞争中立的核心是最大程度地确保市场主体之间的公平竞争。从澳大利亚的经验看出，竞争中立政策的首要评估标准就是公司化和股份制改革，虽然我国并没有明确的竞争中立政策，但我国 30 多年来的国有企业改革本身就是朝着公司化和市场化方向演进，这符合竞争中立的要求。在这个意义上，中国具有竞争中立内涵的实质性改革措施早就起步。

特别是 1992 年党的十四大确立建立社会主义市场经济体制和建立国有企业现代企业制度的目标之后，开始以产权制度和股份制改革为核心，实现国有企业所有权与经营权的分离，这可以说是实施竞争中立的第一步。

---

〔1〕 比如，早在 2005 年 2 月 19 日，国务院就发布了《关于鼓励支持和引导个体私营等非公有制经济发展的若干意见》（"非公经济 36 条"）。然而，由于种种原因，非公经济 36 条并未真正落实到位。2010 年 5 月 7 日，国务院再次发布了《关于鼓励和引导民间投资健康发展的若干意见》（"新 36 条"），然而，新 36 条的落实仍然面临阻力。从地区来看，绝大多数地方政府并未制定实施细则；从行业来看，铁路、能源、金融、市政公共事业等重要领域无实质进展，一些中央部门不仅没有及时制定配套政策，甚至还出台与新 36 条精神相背离的政策。

　　之后，政府又逐步取消或放松了对各行业的管制，引入民间资本和国外资本，推动国有资产的证券化，建立竞争机制。这可以看作是实施竞争中立的第二步。

　　2012 年，党的十八大报告旗帜鲜明地指出要"毫不动摇鼓励、支持、引导非公有制经济发展，保证各种所有制经济依法平等使用生产要素、公平参与市场竞争、同等受到法律保护"。这是第一次在如此重要的政治文件中提出竞争中立思想。由此引发的新一轮的国有企业改革，可以视为中国实施竞争中立的第三步。

　　特别是，2014 年 6 月国务院发布《关于促进市场公平竞争维护市场正常秩序的若干意见》，明确"打破地区封锁和行业垄断。对各级政府和部门涉及市场准入、经营行为规范的法规、规章和规定进行全面清理"，制定市场准入的"负面清单"以及政府监管的"权力清单"。2015 年 10 月国务院颁布的《国务院关于实行市场准入负面清单制度的意见》"以清单方式明确列出在中华人民共和国境内禁止和限制投资经营的行业、领域、业务等，各级政府依法采取相应管理措施的一系列制度安排。市场准入负面清单以外的行业、领域、业务等，各类市场主体皆可依法平等进入"。2015 年 12 月国务院颁布《关于国有企业功能界定与分类的指导意见》，将国有企业界定为商业类和公益类，对其进行分类管理、分类改革和分类监管。这些为实施竞争中立奠定了良好的基础。

　　放宽市场准入、发展混合所有制经济、积极引入民间资本和战略投资者、全面推进国有企业公司制股份制改革、分类监管国有企业等，已经成为本轮国有企业改革的核心内容。随着私人资本的进入、混合所有制的发展、国有企业分类监管的实施，竞争中立的政策势在必行。

以上历程充分表明，竞争中立与中国体制改革的目标具有协同性。竞争中立有助于进一步深化体制改革，为市场公平竞争提供有力的政策支撑。但由于传统体制的影响深重，中国在实现上述目标的过程中，必须克服的障碍也是客观存在的，其难度也是不容轻视的。要在中国实现竞争中立，还需要依赖进一步的国企改革，特别是建立在国企分类监管上的改革，将国企的竞争性业务与非竞争性业务分割并实施不同的监管。否则，即便建立了所谓的竞争中立制度，也不可能从根本上杜绝国企与私企之间不公平的竞争。

三、竞争中立制度的设计要与发展阶段相符合

竞争中立是一个政策工具，其规则和程序必须要为一国的公共利益和社会福利服务。对于发展中国家而言，一方面，通过提高本国产业竞争力，更好地融入"全球价值链"，才能分享全球化的惠益，实现经济的包容性发展和可持续性发展；另一方面，很多国家的实践又表明，全面自由化在发展中国家和转型经济国家的国内市场环境建设中并非最佳做法。在一个全球价值链逐渐分化的国际市场上，发展中国家的定价能力非常薄弱，因而与发达国家难以实现真正意义上的公平竞争。要改善发展中国家国际贸易中的不利地位，就必须开放被区域或双边自由贸易协定限制了的国内政策空间，赋予国家为保护国内产业、提高本国竞争力、对跨国企业在本国市场上力量加以限制而实施产业政策的能力，包括灵活制定和运用竞争中立政策的能力。

因此，发展中国家和转型经济国家不仅需要通过实施竞争中立建立并完善本国公平竞争的市场环境，从而由竞争机制培育出代表高生产率的真正具有国际竞争力的企业，也有必要通

过实施产业政策促进和推动企业（尤其是国有企业）生产率的提高，从而在国际贸易中获得最大利益。因此，如何对接产业政策、贸易政策和竞争政策，是竞争中立与国家的发展阶段实现协同的关键要素。

出于"实质公平"和公共利益的考虑，发展中国家有必要在制定竞争中立政策时考虑符合自身发展阶段需求的"豁免"因素。这些因素可以包括但不限于：①在维持公共服务中国有企业的特殊保障义务；②国有企业作为产业政策的实施工具具有一定的特殊性；③国有企业作为一国"发展政策"的一部分必须加以优先考虑；④在确保财政收入的考虑中，国有经济是最大的保障。但是，在考虑上述政策因素时，应当以不会对市场竞争带来严重影响为前提。

四、竞争中立制度的实施要与法制背景相适应

竞争中立的制度设计及其实施不仅要考虑国际发展趋势，更要正视中国的基本经济社会制度和法律规定。以下因素在制度构建及其实施时值得加以考虑：

第一，《宪法》中关于"社会主义公有制"和"国有经济"的基本规定是关系到竞争中立政策是否能够在中国实施的决定性因素。我国《宪法》第6条和第7条规定，我国"社会主义经济制度的基础是生产资料的社会主义公有制""国家在社会主义初级阶段，坚持公有制为主体""国有经济，即社会主义全民所有制经济，是国民经济中的主导力量。国家保障国有经济的巩固和发展"。如果单纯将公有制理解为"国有制"，并将国有企业的优先发展作为一项宪法原则，那么竞争中立就没有发展空间；相反，如果从"社会所有"角度来看国有，并将《宪法》第15条"国家实行社会主义市场经济"的条款作为优先于

"公有制条款"和"国有经济条款"的条款，那么竞争中立就具有发展空间。

第二，尽管政府相关政策明确提出要创造民营企业和国有企业公平竞争的市场环境，《反垄断法》的出台和实施也为竞争中立政策的实施创造了法律条件，但是中国的国有企业改革、垄断行业改革和政府管理体制改革等都还在探索和进行中，影响经济可持续发展的结构性矛盾和改革阻力仍然存在。在这种情况下，有必要将中国针对国有企业的一系列改革和监管措施看作是竞争中立政策的一部分，分阶段、分步骤地逐步推进竞争中立理念的宣传和竞争中立制度的建立。

第三，虽然我国目前还没有建立与竞争中立直接相关的投诉和监督机制，但是我国的人大代表、政协委员和民主党派人士通过"提案"的形式间接地建立了一条投诉渠道，可以针对国有企业的诸多问题展开议论，并推动形成立法文件。比如在2004年，民革中央提出了《关于消除非公有制经济发展的体制性障碍，大力营造非公有制经济良好发展环境的建议》的提案（第0190号提案）。同年，全国工商联提出了《鼓励支持民营企业参与国有企业改组改造的建议》的提案（第2349号提案）。这些提案的主要内容就是确保非公有制经济在法律地位上与公有制经济平等竞争。这些提案在2005年通过的《国务院关于鼓励支持和引导个体私营等非公有制经济发展的若干意见》中得到了充分体现。

第四，已经付诸实践的公平竞争审查制度，可以作为竞争中立制度的参考。

可见，尽管当前的法律和制度似乎存在阻碍竞争中立发展的内容，但是通过恰当的法律解释和制度构建，仍然能够在总结经验的基础上发展出符合中国国情的竞争中立制度。

五、确定中国竞争中立的基本立场

竞争中立的核心是最大程度地确保市场主体的公平竞争。对中国而言，当前的重点仍然是进一步推进国有企业的公司化改革和市场化改革，并通过分类监管在竞争性领域实现国有企业与私营企业的公平竞争。在此基础上，逐步建立竞争中立的配套措施，确保国有企业在竞争性领域的不当竞争受到制度约束。

但是，需要明确的是，竞争中立不是要让所有国有和私营企业均站在完全一样的起点（不同的企业因其规模、技术水平、管理能力均会享有一定的优势）。竞争中立制度也不是以缩减国有企业规模、出售国有资产和私有化为目标。竞争中立制度更不意味着国有企业无需再承担社会义务或者将社会义务和责任完全交由自由竞争的市场提供。竞争中立并不打击国有企业在自由竞争市场中通过其自身能力取胜的机会。[1]

笔者认为，中国可以以社会公共利益为基本出发点，以"公平竞争"理念为指导，围绕中国经济体制改革（特别是国有企业改革）的方针和实践，构建符合中国特色、满足中国自身需求、与国际接轨的竞争中立政策体系。这个体系可以不叫"竞争中立"，但是应体现竞争中立的基本内涵。

基于上述立场，中国可以从国内、国际两个层面开展竞争中立的探索。

在国内层面，中国可以在既有政策体系中（特别是竞争政策）挖掘竞争中立内涵，比如反垄断法、公平竞争审查制度、

---

〔1〕 参见蒋哲人："澳大利亚国企竞争中立制度的启示"，载《中国经济社会论坛》2015 年第 5 期。

国企改革等，都为竞争中立的实施提供了可能性，它们都是"竞争中立政策"的一部分。同时，可以将竞争中立理念纳入国有企业改革的议程，并通过国有企业改革推动竞争中立理念的传播。可以在特定区域开展竞争中立试点，继而在分类改革已经相对成熟、公平竞争审查制度已经实施并积累一定经验的基础上，建立适用于全国的竞争中立制度框架。

在国际层面，中国可以秉持"全球价值链"理论，寻求全球竞争的"实质公平"，坚持竞争中立应该与一个国家的发展阶段和法治背景相符合，主张竞争中立作为"国内改革措施"和"国际约束规则"的不同。同时，在参与自贸协定谈判时，中国也可以提出符合自身需求的竞争中立主张。

第二节　中国竞争中立制度的设计与实施

一、构建中国的竞争中立体系

中国的竞争中立体系可以涵盖以下内容：

第一，事前合规机制。凡是可能影响公平竞争的政策或制度，比如涉及国有资产或国有企业、税收、政府补贴、融资以及监管等内容的制度或措施，在出台之前都应该开展竞争合规。

实际上，我国在贸易政策领域已经建立类似的合规机制。根据《国务院办公厅关于进一步加强贸易政策合规工作的通知》（国办发〔2014〕29 号），国务院各部门、地方各级人民政府及其部门制定的有关或影响货物贸易、服务贸易以及与贸易有关的知识产权的规章、规范性文件和其他政策措施，应当符合世界贸易组织规则。国务院各部门应在拟定贸易政策的过程中进行合规性评估，并在正式发布时将政策文本抄送商务部世界贸易组织司（中国政府世界贸易组织通报咨询局）。凡涉及与《世界贸易组织协定》等国际经贸条约、协定之间衔接的，或可能对贸易产生重要影响的，如政策制定部门认为有必要，应在按有关程序报送审查或自行发布之前就是否合规征求商务部的意见。在竞争政策领域，也可以借鉴贸易政策合规机制建立竞争政策合规机制。

此外，公平竞争审查制度也为开展事前合规机制提供了制度依据。

第二，事中监督机制。当相关制度或政策在执行过程中损害了公平竞争时，允许受到损害的市场主体向有关部门投诉和举报。举证责任应由投诉者承担，在能够证明确实存在违反竞争中立的情况时，有关部门应当采取措施开展调查。

根据我国《反垄断法》的第9条的规定，国务院设立反垄断委员会，其首要职责是"研究拟定有关竞争政策"。作为维持和发展竞争性市场机制所采取的公共措施，竞争政策本身即具有竞争中立的内涵。若能将竞争中立相关事宜及相关的投诉监督机制赋予反垄断委员会来实施，则不仅能发挥其协调竞争机关和管制机关之间关系的功能，还能有力地推动国有企业与私营企业之间展开公平竞争。

第三，事后矫正机制。由专门的投诉机构（比如国务院反垄断委员会）对被投诉对象是否有违"干预中立"进行分析，赋予其向违反竞争中立的有关部门提出建议的职权，必要时也可赋予其向由于享受特别优待而取得竞争优势的企业采取一定的"矫正措施"的权力。

二、开展中国的竞争中立制度建设

为建立上述制度体系，具体而言，还应明确以下方面的制度内容：

（一）确定竞争中立的适用范围

第一，明确竞争中立是仅适用于国有企业（国家全资或控股的企业）；还是不仅适用于国有企业，还适用于指定垄断（任何政府授予垄断权的私人垄断或政府垄断形式）；或是适用于所有企业（凡产生不公平竞争的企业）。澳大利亚的竞争中立制度主要适用于本国国有企业（也包括政府部门、事业单位等"政府控制实体"）；TPP/CPTPP 和 USMCA 的竞争中立制度不仅适用于国有企业，还适用于指定垄断；欧盟的国家援助控制制度则几乎涵盖了所有企业（尽管主要还是针对国有企业或被授予了特别或专有权利的企业）。从竞争中立的制度内涵来看，不仅仅是为了约束国有企业，因此，长期来看竞争中立制度的适用范围应该扩展至所有企业，但是短期内可以主要针对国有企业。

第二，明确竞争中立仅适用于从事"商业活动"的国有企业，而不适用于履行公共职能或从事公益性活动的国有企业。即仅适用于商业类国企，不适用于公益类国企。如果一个国有企业同时存在公益性行为和商业性行为，则前者不适用，后者适用。在实际操作中，要在商业活动和非商业活动之间划一条明确的界线并不容易。借鉴国际做法，大致可以通过如下三个方法确定国有企业实施的行为是否属于商业行为：①国有企业提供的产品或服务是否用于"销售"；②是否存在用户"付费"的情况，不管这个用户是民众、私营企业还是其他国有企业；③提供商品或服务的国有企业是否能够收回所有成本或者绝大部分成本。如果对于上述三个问题的回答是肯定的，那么一般可以认定国有企业的行为属于商业行为。此外，还有一个更简单可行的认定方式，那就是制定适用竞争中立的国有企业清单。通过这种方式，不仅免去了认定的麻烦，而且能够为列入名单的国有企业提供改革动力。

第三，明确竞争中立仅适用于从事"重大商业活动"的国有企业，而不适用于所有国有企业。不论是从澳大利亚的国内实践、OECD 的建议还是欧美的双边和区域协定来看，竞争中立制度都并非适用于所有国有企业或指定垄断，而仅仅适用于达到一定"门槛"的国有企业或指定垄断。可以借鉴澳大利亚经验，将若干实体（通过"清单"的形式列出）实施的行为自动视为"重大商业活动"，或者借鉴 TPP/CPTPP 和 USMCA 的做法，将若干财务年度内的年收入超过特定值的国有企业视为从事"重大商业活动"的国有企业。

第四，明确竞争中立的适用除外。参照国际经验，竞争中立只适用于市场化领域，非市场化领域的政府管理（比如军事防务、公立教育、财政转移、社会保障、外资禁入和国家安全审查等）不适用竞争中立政策。[1]

第五，明确只有在实施的收益大于成本的情况下，竞争中立制度才能付诸实施。即，竞争中立的实施以不牺牲公共利益为前提。对此，可以借鉴澳大利亚的做法。澳大利亚《竞争原则协定》规定了利弊分析应考虑：一是与生态可持续发展有关的法律法规政策；二是社会福利和公平，以及国有企业的公共服务职能；三是与职业健康安全、工会关系和公平相关的法律法规和政策；四是经济和区域发展，包括就业和投资增长；五是消费者总体利益或部分消费群体的利益；六是澳大利亚企业的整体竞争力；七是资源的有效分配。[2]

---

〔1〕　参见丁茂中：《竞争中立政策研究》，法律出版社 2018 年版，第 111~127页；丁茂中："我国竞争中立政策的引入及实施"，载《法学》2015 年第 9 期。

〔2〕　参见蒋哲人："澳大利亚国企竞争中立制度的启示"，载《中国经济社会论坛》2015 年第 5 期。

（二）明确竞争中立的适用标准

有学者总结了竞争中立的行为准则，将判断是否构成竞争中立的标准概括为交易机会中立（包括市场进入中立和政府采购中立）、经营负担中立（包括强制性负担的课征和协商性负担的消解）和投资回报中立（包括价格规制中立和政府补贴中立）三个方面。[1] 上述分类在理论上高度概括，为了便于理解和实际操作，笔者在上述研究的基础上，将竞争中立的适用标准概括为以下方面：

1. 市场运作中立

确保商业类国有企业按照"市场化"的方式运作。

第一，开展国有企业的分类管理，对于非公益的商业类（竞争性）国有企业，全部改制为公司化企业，按照市场化的方式运作，并确保商业活动与非商业活动的结构分离。

第二，识别国有企业的成本，特别是在商业类国有企业承担一定的公益职能的情况下，识别国有企业完成公益目标的成本。

第三，确保国有企业的商业回报率与私营企业基本一致，并设定适当的分红目标。

第四，建立透明度机制，包括公布国有企业的类别清单（公益类和商业类）、公开商业类国有企业完成特定义务的成本、披露国有企业在税收、补贴、信贷、监管等方面享受的优惠。

2. 市场准入中立

确保所有市场主体能够公平进入市场从事经营活动。市场准

---

[1] 参见丁茂中："我国竞争中立政策的引入及实施"，载《法学》2015年第9期。

入中立又可以分为三个方面：[1]

第一，经营资质赋予中立：在基于安全等因素的考虑设立经营资质要求的情况下，对于经营资质的要求不考虑企业的性质，只考虑企业本身是否符合资质要求。

第二，业务市场拓展中立：禁止滥用行政权力开展妨碍商品自由流通，限制外地经营者招投标、参与本地投资或在本地设立分支机构等限制竞争行为。

第三，商业合同缔结中立：禁止除法律外在行政区域内实施当地含量要求，禁止滥用行政权力指定交易。

3. 税收中立

确保国有企业和其他政府商业行为与私营企业面临类似的税收负担。在这方面，不仅税收负担要类似，税收的计算方式、税收的缴纳以及税收征缴的处罚机制也要类似。

4. 补贴中立

确保政府不对特定的市场主体给予补贴优惠。在这方面，要做到补贴对象、补贴方式和补贴标准的中立。

5. 债务中立

确保国有企业和其他政府商业行为对其所产生的债务与私营企业承担相同的利息。比如，防止国有企业因为所有制相比于私营企业获得更为优惠的贷款利率、直接或间接地获得国家担保、在国有企业无法负担时国家承担到期债务等。

6. 政府采购中立

确保政府采购政策和程序的公平性，即对所有的市场主体一视同仁、非歧视，并做到政府采购政策和程序的透明化。

---

〔1〕　参见丁茂中："竞争中立政策视野下的市场进入中立研究"，载《价格理论与实践》2015 年第 3 期。

7. 监管中立

确保国有企业和其他政府商业行为与私营企业面临类似的监管环境。在这方面，要做到监管范围、监管标准、监管力度的一致性。此外，建议对政府监管的市场予以定期评估，不断改进监管的公平性和有效性。

8. 社会责任中立

不对不同的企业施加不同的社会责任要求。

9. 法律责任中立

包括违约责任中立和侵权责任中立，即确保政府在合同或侵权纠纷的处理上不存在人为干预。

表4-1　竞争中立的适用标准

市场运作中立	分类管理	国有企业分类	将国有企业分为公益类和商业类，制作分类清单，并按照不同目标进行管理，确保商业活动与非商业活动的结构分离。
		公司化改造	对于非公益的商业类（竞争性）国有企业，全部改制为公司化企业。
		公司化运营	按照国际通行的公司治理模式，按照市场化方式运作国有企业。
	成本识别		分别识别国有企业承担公益职能和商业职能的成本，防止交叉补贴。
	商业回报率		确保国有企业的商业回报率与私营企业基本一致（参考标准：政府长期债券利率加适当的风险利润），并设定适当的分红目标。
	透明度		公布国有企业的分类清单。
			公布国有企业的成本。
			公布国有企业在税收、补贴、信贷、监管等方面享受的优惠。

续表

市场准入中立[1]	经营资质赋予中立	自然赋予中立	凡是符合条件的，应当贴近自然法则公平地直接赋予自然人各项权利。
		注册赋予中立	职能部门核心注意事项：注册条件、材料递交、审查流程、工作周期。
		许可赋予中立	重点事项：市场进入管制的信息传导、实质审查的信息透明化、决定结果的事项说明。
	业务市场拓展中立	禁止滥用行政权力妨碍商品在地区之间的自由流通。	
		禁止滥用行政权力排斥或者限制外地经营者参加本地的招标投标活动。	
		禁止滥用行政权力排斥或者限制外地经营者在本地投资。	
		禁止滥用行政权力排斥或者限制外地经营者在本地设立分支机构。	
	商业合同缔结中立	限制当地含量	除法律规定外，所有地方政府不得在行政区域内实施当地含量要求。
		禁止滥用行政权力限定单位或者个人经营、购买、使用其指定的经营者提供的商品。	
税收中立	税收负担中立	税率的统一化、中央及地方税收减免与返还的平等化。	
	税收计算中立	细化明确入账、入税栏目，细化明确税基的计算。	
	税收缴纳中立	统一企业税收缴纳期限、减少分期缴纳与延期缴纳适用情形。	
	税收处罚中立	压缩税务机关的自由裁量空间，减少自由裁量权限造成的处罚差异。	

〔1〕 参见丁茂中："竞争中立政策视野下的市场进入中立研究"，载《价格理论与实践》2015 年第 3 期。

补贴中立	补贴对象中立	中央补贴	普惠性要求的最低限度允许中央政府根据社会发展需求进行行业补贴。
			普惠性要求的最低限度限制中央政府进行地区补贴。
			普惠性要求的最低限度禁止中央政府进行个体补贴。
		地方补贴	原则性禁止。
	补贴方式中立	补贴模式	逐步放弃纵向补贴模式，逐渐增加横向补贴模式。
		补贴形式	类别化统一择用财政拨款、财政贴息、税收返还、无偿划拨非货币性资产。
	补贴标准中立		标准起码统一，包括计算单位、单位金额、补贴期限等相关要素。
			标准尽量科学，譬如钢铁产能淘汰应当择用环保标准，而非先前的产量标准。
债务中立			政府必须切实采取措施禁止以任何形式为企业的商业贷款提供担保。
			禁止政府以任何方式强制商业银行向特定企业发放贷款。
			禁止政府为国有企业承担到期债务。
			禁止政府为了帮助特定企业获得商业贷款而采取不合理的救市措施。
政府采购中立	政府采购开放对象中立	对内开放中立	禁止阻挠和限制供应商自由进入本地区和本行业的政府采购市场。
		对外开放中立	WTO《政府采购协议》（2012版）第4条的"非歧视"条款。
	政府采购信息公开中立	公开信息内容中立	不得设立违背公平竞争原则的条件，按照公开透明原则公布结果。
		公开信息方式中立	建设全国统一的电子化政府采购管理交易平台，统一发布采购信息。

政府采购参与方式中立		建设全国统一的电子化政府采购管理交易平台，推进政府采购参与方式的全面电子化，注册成为平台会员的性质为非壁垒性前置程序。
政府采购评选机制中立	入选中立	核心评价指标：专业水平、产生方式、利害回避、职业操守。
	方法中立	事先确定方法：最低评标价法、性价比法、综合评分法、综合评价法。
监管中立	监管范围中立	面向所有企业，重点指向监管薄弱的国企。
	监管标准中立	原则采用绝对统一标准，例外采用类别统一标准。
	监管力度中立	统一明确例外监督检查周期与频率、突击检查的适用情形、监督检查所需的内容。
	监管矫正中立	探索不同矫正手段及其幅度启用的阶梯方案，并以规范性的文件对外公示。
社会责任中立	法律责任化类型的企业社会责任中立	比如特定险种的保险条款和保险费率限制。
	软法责任化类型的企业社会责任中立	比如用人单位提高劳动者的福利待遇。
	道德责任化类型的企业社会责任中立	比如国企在各种情况下的社会捐助。
违约责任中立	政府合同的违约责任中立	原则采用统一的格式文本，必须严格按照约定承担违约责任。
	民事合同的违约责任中立	政府不得非法干预合同当事人在违约责任上的约定；政府不得非法干预 合同当事人在违约责任上的履行。
侵权责任中立		政府原则上不应当介入企业侵权纠纷案件的私人和解，如果政府基于特定因素的考虑通过合法的方式介入，则必须从前提上保证这种介入的普遍性。
		政府在依法介入企业侵权纠纷案件后不得带有任何的偏见向任何一方的当事人进行施压，以促成纠纷的化解。

（三）建立竞争中立的投诉机制

借助于投诉机制，受到不平等待遇的企业可以对享有不合理竞争优势的企业提出违反竞争中立政策的指控。投诉的对象既可以是国有企业，也可以是相关的公共部门；投诉的主体既可以是私营企业，也可以是与投诉对象存在竞争关系的其他国有企业。举证责任由投诉者承担，由其证明竞争对手存在有违竞争中立的情况。

建议由专门的投诉机构对被投诉的主体是否具有"不公平的竞争优势"进行分析。为保证投诉机构的权威性，建议由国务院反垄断委员会承担受理投诉及开展相关分析的职能。投诉机构在开展竞争分析的基础上，有权向相关部门提出"矫正建议"，在特定条件下也可赋予其对有违竞争中立的主体采取一定的"矫正措施"的权力。

值得注意的是，竞争中立政策的实施并非为了打击有效率的企业，而是为了消除因为所有制因素即国有企业与政府的天然联系而产生的不正当竞争优势。如果竞争优势是国有企业通过提高经营效率而产生的，不属于竞争中立规范的范围。

（四）构建和完善竞争中立的配套机制

竞争中立的有效实施还需相关配套制度的支持，这些制度主要包括：

1. 信息披露机制

对于国有企业而言，有必要建立类似于上市公司的信息披露制度。特别是，需要披露国有企业承担的社会责任、运作成本、享受的政府补贴和政策优惠等信息。尤其在大数据时代，建议国企改革政策的制定者应考虑时代之需求，以强制性规范的形式，建立国有企业的电子信息平台，持续披露重要的财务及经营信息，允许民众在公众信息平台上对国企进行举报和投诉，将国有企业置于群众监督之中，以强力的外部监管改善软弱的公司内部治理。[1]

2016 年 2 月 25 日，国务院国资委在媒体通气会上表示，国务院国有企业改革领导小组研究决定开展"十项改革试点"，其中第九项就是"国有企业信息公开工作试点"。国资委计划 2016 年在中央企业围绕董事会信息披露、财务信息公开等方面开展试点，指导地方国资委选择若干重点企业试点。国资委还将建设统一的国有企业信息公开平台，为中央企业信息公开提供支持，为社会公众查阅信息提供服务。可以以此改革为契机，加大国有企业的信息披露力度，建立制度化的信息披露机制。

对于政府而言，则需要披露与竞争中立相关的政策、措施与活动。

2. 适合于发展中国家的竞争中立政策评价工具

一项政策的好坏很大程度上取决于其实施效果，因此有必要对竞争中立政策的实施效果予以评估。但是，处于不同发展阶段、面临不同政策问题的国家显然不应该适用同样的评价工具和指标。因此，应该根据中国面临的"问题"来设计评价中国竞争中立政策实施效果的指标和方法。

3. 其他配套制度

与竞争中立政策的制定与实施直接相关的制度，如公平竞争审查制度、竞争政策的透明度问题、国有垄断企业适用竞争法的问题等。

促进和影响竞争中立政策的制定与实施的制度，如国有资产和国有企业监管制度，涉及竞争中立的税收政策、政府补贴政策、环境政策、融资政策以及土地政策等。

---

[1] 参见蒋大兴："超越国企改革的观念谬误"，载《中国法律评论》2016 年第 2 期。

（五）与国有企业改革相结合

建议将竞争中立的理念和制度措施纳入国有企业的改革议程。这也是澳大利亚发展国内竞争中立制度体系的重要经验。当前，应重点落实国有企业的分类改革，以"正面清单"的形式固定公益类国有企业的名单，将其排除出竞争中立适用范围。对于其他商业类国有企业，则通过国有企业的改革逐步建立竞争中立制度体系，确保与非国有企业开展公平竞争。对于履行部分公益职能的商业类国有企业，则应当建立成本独立核算制度，确保公益性业务和商业性业务的分开，防止交叉补贴。今后，则应逐步通过改革进一步推动商业类国有企业的市场化运作，减少国有企业在补贴、税费、融资和监管等方面的竞争优势。

第三节　中国竞争中立立场的国际延伸

一、竞争中立更宜作为国内措施而非国际规则

竞争中立最初是作为国内改革措施出现的。1995 年，澳大利亚联邦政府与六个州、两个领地签署了政府间协议，要求各地方政府必须实施包括税收中立、信贷中立、监管中立等在内的竞争中立政策，即政府不得在税收、信贷和政府监管等各方面给予特定企业优惠，联邦政府则通过财政转移支付的方式对实施效果好的地方政府支付"对价"。除了澳大利亚，欧盟也通过《欧盟运行条约》中有关国家援助控制的规定在事实上实施竞争中立政策，要求成员国对于公共企业及成员国授予特别或专有权利的企业不得指定也不得保留与条约的竞争规则相抵触的任何措施。

直到 21 世纪，竞争中立才在美国的主导下不断推向区域和

国际层面，试图将其从一种国内改革措施演变为国际通行规则。竞争中立国际化的理由美其名曰维护公平竞争，实则是为了主导全球经济治理规则的转型，并制造实质上的不公平。

首先，根据"全球价值链"理论，由于历史、文化、经济基础以及国际政治影响力的差异，在国际经济交往的全球价值链中，发达经济体始终占据价值链的高端，掌握更多的资源并拥有更强的谈判能力。当国际竞争规则也向他们倾斜时，发展中经济体将在国际竞争中更加失去话语权，从而导致另一种实质性的不公平竞争。按照美国的说法，美国主导竞争中立规则的核心是对现有国际经济规则进行更新和调整，以"弥补现有的国际经济规则无法保证国有企业和私营企业公平竞争的缺陷"。那么，是否有一种国际经济规则，可以保证发达经济体与发展中经济体之间的公平竞争呢？实际上，按照美国意志建立的竞争中立规则无疑只会加剧已经存在的不公平，更加强化发达经济体控制全球经济资源的能力，弱化发展中经济体参与公平竞争的能力。

正如有学者所言，当下竞争中立在国际层面"立法化"过程中所表现出来的情况"呈现出正义性缺失的趋势"。[1]其中一个典型例证是，不论是 TPP/CPTPP 还是 USMCA，都改变了OECD 或澳大利亚纠正国有企业已产生之不公平竞争行为的做法，从"行为后救济"转变为"行为前约束"，即只要符合其国有企业定义，就必须承担比私营企业更重的责任和义务（比如透明度义务、非商业支持义务等），而是否扭曲竞争本身不再重要。这实际上回归到依据"身份"而非"行为"作为合法性判断的标准。实际上，跨国公司在国际市场中同样享有竞争优

---

〔1〕　参见胡海涛、李晓阳："论国际竞争中立规则建构的正义维度"，载《河北经贸大学学报（综合版）》2018 年第 2 期。

势，如果依据身份标准，也应当对其施加同样的义务约束。但是恰恰相反，竞争中立并未体现对跨国公司的特别约束，而只能依据传统的竞争规则对其予以规制。这显然是一种新的"不公平"。

其次，根据"制度非中性"理论[1]，同样的制度给不同群体——强势群体和弱势群体——带来的效果是不一样的。要求处于不同发展阶段的所有经济体都接受同样的规则，不仅是不公平的，也是不正当的。在制度非中性的情况下，弱势群体若要在全球经济治理规则的转型中受益，需要在两个方面作出努力：一是提高弱势群体的能力，二是提高弱势群体的组织化程度。前者可以通过"单边开放"和国内改革措施予以实现，后者则需要加快形成参与国际规则竞争的同盟，共同与可能对同盟利益构成损害的集团博弈。美国版的竞争中立规则会在实际上破坏以上两个目标的实现。

因此，作为"国内措施"与"国际规则"的竞争中立具有截然不同的目的和效果。澳大利亚和欧盟采纳竞争中立，很大程度上是为了推动国有企业改革和维护统一市场；但是，美国不像澳大利亚有那么多国有企业，也不像欧盟需要建立"超国家"的统一市场，其在国际上推行竞争中立更多的具有主导国际经贸规则治理和变相实施"贸易保护主义"的诉求。正如有学者所说，美国设想的模式则是对国有企业采取"有罪推定"，将所有焦点集中在限制国有企业上，其实质目的是最终最大限度地限制国有企业的规模。这既无任何实践基础和经验，也歪曲了竞争中立原本的制度内涵，并无公信力可言，本质上是一

---

[1] 参见张宇燕："利益集团与制度非中性"，载《改革》1994 年第 2 期；高程："非中性制度与美国的经济'起飞'"，载《美国研究》2007 年第 4 期。

种"伪竞争中立"。[1]美国在 TPP 和 TTIP 中引入包括竞争中立在内的"高标准政策"，要求参与谈判的国家遵循符合美国国家利益的竞争中立规则，实际上是将一种原本属于国内改革措施的规则"替换"为具有约束力的国际准则，在削弱其他国家参与国际竞争的能力的同时增加美国企业的竞争力。

因此，在国际层面，中国可以提出基于"实质公平"而非"形式公平"的竞争中立主张。在国际经贸谈判中，一方面认可竞争中立的制度价值（特别是对于国有企业改革的指导意义），开展适合本国国情的竞争中立制度探索，倡导竞争中立在当前更宜作为国内措施或倡导性的国际规则，而非具有约束力的国际规则；另一方面，戳穿"伪竞争中立"的背后意图，在将来即将或可能达成的区域或双边协定中对竞争中立问题作出相对宽松的承诺，比如在承认国有企业的价值（而非全盘否定）的基础上，认可竞争中立的理念，共同推动所有企业之间的公平竞争。同时，如若有必要构建具体规则，也可将重点放在约束政府权力而非国有企业本身之上。

二、倡导回归多边体系以防止区域主义的滥用

在国际层面，中国可以倡导回归多边体系。实践证明，只有多边主义才能给全世界带来公平的利益。特别是对于拥有较小实力的国家而言，多边主义意味着更多的话语权和更多的权利。如果全球经济规则受区域主义裹挟，公平这一国际经贸治理体系最重要的价值追求将会丧失。这一结果对于全球经济的可持续和包容性发展都是有害的。任何一个负责任的大国，都

---

〔1〕　参见蒋哲人："澳大利亚国企竞争中立制度的启示"，载《中国经济社会论坛》2015 年第 5 期。

有义务采取措施消除"去多边主义"或"去 WTO 化"的浪潮。当然，回归多边体系应建立在改革多边体系议程和程序的基础上。比如，中国可以推动新的多哈谈判议程，或者尽快启动新的 WTO 谈判。新的谈判应当对 TPP/CPTPP、USMCA 和 TTIP 等美欧主导的区域贸易协定中涉及的各方面（包括竞争中立）进行深入讨论，并在 WTO 谈判中提出相应的措施。

只有在多边体系下，中国才能够联合诸多发展中经济体，化解"制度非中性"可能带来的不利影响，提出符合绝大多数国家需求的干预中立主张。即便要在国际或区域层面达成竞争中立规则，出于"实质公平"的考虑，也应该允许发展中经济体享有"保留"或"豁免"实施竞争中立的因素。这是因为，对于发展中经济体而言，一方面，通过提高本国产业竞争力，更好地融入"全球价值链"，才能分享全球化的惠益；另一方面，在一个全球价值链逐渐分化的国际市场上，发展中经济体实际上很难与发达经济体实现真正意义上的公平竞争。要改善发展中经济体在国际竞争中的不利地位，就必须开放被区域或双边自由贸易协定限制了的国内政策空间，赋予其为发展本国产业、提高本国竞争力、对跨国企业在本国的市场力量加以限制而实施产业政策和竞争政策的能力，包括灵活制定和运用竞争中立政策的能力。概而言之，竞争中立规则的设计首先应该是一个"国内"改革措施，而不适合在国际或区域层面"一刀切"地适用同样的规则。

中国还可以秉持"全球价值链"理论，寻求全球竞争的"实质公平"，坚持竞争中立应该与一个国家的发展阶段和法治背景相符合，力陈竞争中立作为"国内改革措施"和"国际约束规则"的不同。同时，在参与自贸协定谈判时，中国也可以提出符合自身需求的竞争中立主张。比如，在 TPP 和 TTIP 中，美欧除了将传统的国有企业（政府享有所有权的企业）纳入规制范畴，还提出要对指定的政府垄断和私人垄断进行规范。应当警惕将"竞争中立"的概念扩大化，将外企和民企贴上"政府经营活动"的标签，将其纳入竞争中立的范畴。此前，华为等中国民营企业在美国受到调查的事实就充分说明，美国为提升本国经济的竞争力，可以给任何企业贴上"政府经营活动"的标签。[1]因此，中国在确定竞争中立的适用范围时，应当将其明确限定在传统"国有企业"的范畴内。中国可以在国际谈判中坚持狭义的国有企业概念，坚持只有政府享有"控制权"的国有企业应当受到竞争中立规则的约束，减少国际经济受冲击的范围。与此同时，尽快通过分类管理确定非竞争性国企（业务）和竞争性国企（业务）的范围。由于竞争中立仅适用于从事"商业活动"的国有企业，不适用履行公共职能或从事公益性活动的国有企业。分类管理能够在最大程度上减少竞争中立的冲击。

第四节　中国竞争中立探索的路线图

在探索"中国版"竞争中立之前，首先应当明确中国竞争中立的定位。笔者认为，中国版竞争中立与其他版本竞争中立的共性在于：①认可竞争中立所倡导的公平竞争的理念；②正视国有企业相比于私营企业可能具有的竞争优势；③制度设计上的类似（包括适用范围、适用标准、实施机制等）。

中国版竞争中立与其他版本竞争中立的区别在于：第一，坚持以社会公共利益为基本出发点；第二，坚持竞争中立的制

---

〔1〕　参见王婷："竞争中立：国际贸易与投资规则的新焦点"，载《国际经济合作》2012 年第 9 期。

度设计要与我国的体制改革目标、发展阶段和法治背景相适应；第三，坚持竞争中立的发展和制度设计与国有企业改革同步；第四，坚持追求"实质公平"而非"形式公平"的竞争中立。

基于以上立场，中国可以分步开展竞争中立探索。这里所指的分步主要有两个层次含义：一是探索空间的分步实施；二是探索内容的分步实施。

首先，在探索空间上，可以分为三个步骤：

第一步：率先在地方（比如上海市）开展竞争中立探索。理论上，在自贸区内开展"先行先试"探索竞争中立是最佳方案。但是，由于竞争中立主要是为了规范不同所有制企业之间的公平竞争，即便在自贸区内构建了竞争中立制度框架，由于区内的国有企业数量较少，或者国有企业的母公司或控股企业基本不在自贸区内，几乎不可能取得良好的试点效果。因此，笔者认为，至少应当在地方层面开展竞争中立的"试点"探索。通过先行试点，可以控制风险并逐步积累经验。上海不论是从开放程度、国资规模、经济实力还是改革能力等方面看，都是较好选择。

第二步：将地方竞争中立探索的经验逐步复制、推广到其他区域乃至全国。考虑到不同地区之间经济发展水平和国资比例的差异性，复制、推广的程度也应当是循序渐进的。可以先在经济发达和国资较为发达的地区复制、推广，然后逐步蔓延至经济欠发达和国资比例不高的地区。

第三步：将国内的竞争中立探索融入双边、区域乃至多边协定之中，在世界范围内推广中国经验，成为国际规则的积极参与者和引领者。

其次，在探索内容上，也可分步实施。

第一步：搭建竞争中立实施的基础制度，包括界定国有企业、"重大商业活动"、竞争中立的适用除外等。

第二步：构建透明度（信息披露）机制，包括针对政府和国有企业的信息披露机制。

第三步：明确竞争中立的实施机制，包括确定实施机构、建立投诉机制等。

第四步：逐步强化竞争中立的实施标准。这里面又可分步实施。第一层次是开展市场运作中立和市场准入中立的探索，这方面已经有基础，且对体制机制的冲击较小；第二层次是开展税收中立和补贴中立的探索，这方面可通过强化税收和补贴的纪律约束来实现，且已经在国际贸易层面受到 WTO 规则的约束，具有较强可操作性；第三层次是开展债务中立和政府采购中立探索，这方面由于涉及政府针对国有企业的隐形担保问题，且中国尚未加入 WTO《政府采购协定》，相对困难；第四层次是探索监管中立、社会责任中立和法律责任中立，这方面由于标准的模糊性，是否符合竞争中立较难掌握，举证也比较困难。

第五步：优化竞争中立的实施机制，包括细化公共利益测试的标准和方法，开展竞争中立政策的事后评估等。

表 4-2　竞争中立的探索空间和内容

序号	竞争中立探索的内容		基本要求	现有政策依据	进一步措施
1	适用范围	适用门槛	仅适用于从事"重大商业活动"的国有企业	《关于国有企业功能界定与分类的指导意见》	明确"国有企业"的定义
					明确何为"重大商业活动"
					以"负面清单"的形式排除公益类国有企业的适用

续表

序号	竞争中立探索的内容		基本要求	现有政策依据	进一步措施
2	适用内容（标准）	适用除外	明确竞争中立不适用的领域（比如非市场化领域的政府管理、外商投资的国家安全审查）	《外商投资项目核准和备案管理办法》《自由贸易试验区外商投资国家安全审查试行办法》	在专门制度或相关规定中明确竞争中立的适用除外（比如在新的《外商投资法》中明确竞争中立不适用于外商投资国家安全审查）
		公共利益测试	收益大于成本才实施	—	明确公共利益测试的机构、方式
		市场运作中立	国有企业的公司化改制	《国务院办公厅转发国务院国有资产监督管理委员会关于规范国有企业改制工作意见的通知》、国资委《关于进一步规范国有企业改制工作的实施意见》	完善改制中清产核资、财务审计、资产评估和产权转让等的规范性
			成本识别	—	明确识别国有企业成本的方法和机制
			合理的商业回报率	—	明确识别合理商业回报率的方法和机制
		市场准入中立	确保所有市场主体公平进入市场从事经营活动	《关于实行市场准入负面清单制度的意见》《市场准入负面清单草案（试点版）》	逐步将负面清单扩展到非试点区域

序号	竞争中立探索的内容	基本要求	现有政策依据	进一步措施
	税收中立	确保国有企业和其他政府商业行为与私营企业面临类似的税收负担	《国务院关于在市场体系建设中建立公平竞争审查制度的意见》《国务院办公厅关于进一步加强贸易政策合规工作的通知》	构建税收中立认定标准和方法
	补贴中立	确保政府不对特定的市场主体给予补贴优惠		构建补贴中立认定标准和方法
	债务中立	确保国有企业和其他政府商业行为对其所产生的债务与私营企业承担相同的利息		构建债务中立认定标准和方法
	政府采购中立	确保政府采购政策和程序的公平性		构建政府采购中立认定标准和方法
	监管中立	确保国有企业和其他政府商业行为与私营企业面临类似的监管环境		构建监管中立认定标准和方法
	社会责任中立	不对不同的企业施加不同的社会责任要求	—	构建社会责任中立认定标准和方法
	法律责任中立	确保政府在合同或侵权纠纷的处理上不存在人为干预	—	构建法律责任中立认定标准和方法

续表

序号	竞争中立探索的内容		基本要求	现有政策依据	进一步措施
3	实施机制	实施机构	建立专门实施机构	《反垄断法》	在国家层面，短期可由竞争主管部门（如发改委负责），长期可由国务院反垄断委员会负责；在自贸区的探索层面，可由自贸区管委会负责，或成立跨部门的公平竞争委员会
		投诉机制	专门机构受理投诉	—	建立投诉机制，包括举证规则等
		矫正机制	赋予实施机构"救济权"	《反垄断法》针对行政性垄断的"建议权"	短期可授予建议权，长期可授予一定的"矫正权"
4	配套机制	信息披露机制	针对国企	国务院国有企业改革领导小组的"十项改革试点"（第九项为"国有企业信息公开工作试点"）	建立国有企业电子信息发布平台
					按照上市公司要求建立信息披露机制
					允许民众在信息平台举报和投诉
			针对政府	《政府信息公开条例》	公开与竞争中立相关的政策、措施与活动
		政策评估机制	开展竞争中立政策评估	—	鼓励开展第三方评估，根据中国面临的"问题"来设计指标和方法

结　语
CONCLUSION

　　竞争中立作为确保政府在市场竞争问题上保持"中立"而不对特定市场主体（特别是国有企业）存在偏袒的一种理念，在国际层面正逐步受到认可。但是，在具体的制度安排上，竞争中立具有不同的版本。目前，至少存在作为国内改革措施的澳大利亚版竞争中立、作为国际倡导性规则的国际组织版竞争中立、作为国际约束规则的美欧版竞争中立和作为规则接受方的其他版本竞争中立等不同类型。即便是同一类型内部，也存在若干差异。比如，OECD 和 UNCTAD、美国和欧盟，在竞争中立的主张上都存在不同。竞争中立的这种多元性特征，为国际层面不同版本之间的竞争提供了可能性，也为中国在参与国际经贸治理时选择与自身利益相适应的"阵营"提供了可能性，并为中国构建符合自身需求的竞争中立制度体系提供了可比较的范本。

　　当前，在竞争中立问题上，中国不论是在国际还是国内层面，都还没有形成有针对性的应对规则。中国的国有企业改革一直是围绕着国有资产的资本化和市场化进行的，这符合竞争中立的基本要求。但是，中国竞争中立理念的普及和竞争中立制度体系的建立，还有待于进一步的国有企业改革。中国应当正视国有企业的竞争优势，认可竞争中立理念与我国的体制改革目标的一致性，并在此基础上确定竞争中立的基本立场，探索与我国的发展阶段相符合、与法治背景相适应、与国有企业改革相衔接的竞争中立制度体系。

在国内层面，短期内中国可以借助于地方（自贸区）的"试验"探索竞争中立，长期则需要构建符合自身需求的竞争中立体系，包括确定竞争中立的适用范围、适用内容（标准）、实施机制和评价机制等。在国际层面，则可主张竞争中立应以实现"实质公平"而非"形式公平"为目标，倡导竞争中立在当前更宜作为国内改革措施或国际倡导性规则而非具有约束力的国际规则，并结合国内改革进展，在参与自贸协定谈判时，提出符合自身需求的竞争中立主张。

致 谢

ACKNOWLEDGEMENTS

　　首先要感谢我的博士生导师徐士英教授和澳大利亚新南威尔士大学的 Deborah Healey 教授。2011 年，UNCTAD 发起了一项竞争中立研究项目，对发展中国家（当时主要针对马来西亚、中国、印度和巴拉圭四个国家）的竞争中立问题开展研究。Deborah Healey 教授是这个项目的牵头人，徐士英教授是中国竞争中立问题研究的负责人。我有幸参与了这个项目的研究，在中外两位知名学者的指导下，以澳大利亚竞争中立理念及其制度构成作为参照，对中国的国有企业改革历程、国有企业可能享有的竞争优势、国有企业与反垄断法的关系、中国有无以及如何构建竞争中立政策等做了初步探索。那是我最早接触竞争中立概念，便由此产生了浓厚的研究兴趣。在整个项目研究过程之中以及项目完成之后，仍有幸继续得到两位专家的指导，并得以参加了澳大利亚有关竞争中立的学术研讨会，与澳大利亚竞争主管部门和竞争中立实施部门开展了交流，这些无疑都极大地推动了本书的最终成稿。

　　其次我想感谢上海对外经贸大学贸易谈判学院以及张磊院长。如果不是有幸在贸易谈判学院（前身为"WTO 研究教育学院"）工作，得以接触大量有关 WTO 和国际经贸治理方面的咨询和研究成果，并得到张磊院长长期的学术指导和支持鼓励，就不可能对 WTO、TPP/CPTPP 以及 USMCA 等多边或区域贸易协定中的竞争中立规则继续开展深入探索，从而丰富本书的研究内容及其内涵。本书的出版也得到了张磊教授主持的世界贸易组织讲席计划（WTO Chairs Programme）和上海高校智库项目的支持。

此外，感谢陈悦、陈明扬、赵笑鸣、杨依涵、陈蕾、宋尧和王青伟等同学前前后后协助我做了不少资料搜集和整理工作，使得本书能够顺利出版。

最后，感谢参考文献中列举的所有作者，正是由于你们在竞争中立问题上的已有探索，丰富了本书的思路和内容。在很大程度上，我只是一个知识的"搬运工"，更大的贡献属于这个领域积极的开拓者和实践者。

参考文献
REFERENCE

中文文献

1. 经济合作与发展组织:《竞争中立:维持国有企业与私有企业公平竞争的环境》,谢晖译,经济科学出版社 2015 年版。

2. 经济合作与发展组织:《竞争中立:经合组织建议、指引与最佳实践纲要》,谢晖译,经济科学出版社 2015 年版。

3. 经济合作与发展组织:《竞争中立:各国实践》,赵立新等译,经济科学出版社 2015 年版。

4. 白洁、苏庆义:"CPTPP 的规则、影响及中国对策:基于和 TPP 对比的分析",载《国际经济评论》2019 年第 1 期。

5. 张琳、东艳:"国际贸易投资规则的新变化:竞争中立原则的应用与实践",载《国际贸易》2014 年第 6 期。

6. 李晓玉:"'竞争中立'规则的新发展及对中国的影响",载《国际问题研究》2014 年第 2 期。

7. 汤婧:"'竞争中立'规则:国有企业的新挑战",载《国际经济合作》2014 年第 3 期。

8. 黄志瑾:"国际造法过程中的竞争中立规则——兼论中国的对策",载《国际商务研究》2013 年第 3 期。

9. 余菁等:"国家安全审查制度与'竞争中立'原则——兼论中国国有企业如何适应国际社会的制度规范",载《中国社会科学院研究生院学报》2014 年第 3 期。

10. 唐宜红、姚曦："竞争中立：国际市场新规则"，载《国际贸易》2013年第 3 期。

11. 赵学清、温寒："欧美竞争中立政策对我国国有企业影响研究"，载《河北法学》2013 年第 1 期。

12. 王婷："竞争中立：国际贸易与投资规则的新焦点"，载《国际经济合作》2012 年第 9 期。

13. 丁茂中：《竞争中立政策研究》，法律出版社 2018 年版。

14. 丁茂中："我国竞争中立政策的引入及实施"，载《法学》2015 年第 9 期。

15. 丁茂中："竞争中立政策走向国际化的美国负面元素"，载《政法论丛》2015 年第 4 期。

16. 丁茂中："竞争中立政策视野下的市场进入中立研究"，载《价格理论与实践》2015 年第 3 期。

17. 沈铭辉："'竞争中立'视角下的 TPP 国有企业条款分析"，载《国际经济合作》2015 年第 7 期。

18. 张占江："《中国（上海）自由贸易试验区条例》竞争中立制度解释"，载《上海交通大学学报（哲学社会科学版）》2015 年第 2 期。

19. 张占江："中国（上海）自贸试验区竞争中立制度承诺研究"，载《复旦学报（社会科学版）》2015 年第 1 期。

20. 张占江："中国法律竞争评估制度的建构"，载《法学》2015 年第 4 期。

21. 应品广："竞争中立：中国的实践与展望"，载《WTO 经济导刊》2014 年第 6 期。

22. 应品广："竞争中立条款与国企改革"，载《WTO 经济导刊》2015 年第 3 期。

23. 应品广："全球经济治理中的竞争中立规则：挑战与对策"，载《中国价格监管与反垄断》2016 年第 1 期。

24. 应品广："竞争中立：多元形式与中国应对"，载《国际商务研究》2015 年第 6 期。

25. 毛志远："美国 TPP 国企条款提案对投资国民待遇的减损"，载《国际经贸探索》2014 年第 1 期。

26. 王李乐：“区域自贸协定竞争问题谈判：现状与发展”，载《国际经济合作》2013 年第 11 期。

27. 张志伟、应品广：“反垄断法思维下的行政性垄断新探”，载《江西财经大学学报》2013 年第 4 期。

28. 李胜利、胡承伟：“论产业法'竞争法化'之缘由及发展路径”，载《安徽大学学报（哲学社会科学版）》2013 年第 6 期。

29. 王新红：“论企业国有资产管理体制的完善——兼论国资委的定位调整”，载《政治与法律》2015 年第 10 期。

30. 赵晓雷等：“中国（上海）自贸试验区实施竞争中立操作方案设计”，载《科学发展》2014 年第 11 期。

31. 蒋哲人：“澳大利亚国企竞争中立制度的启示”，载《中国经济社会论坛》2015 第 5 期。

32. 卫祥云：《国企改革新思路：如何把正确的事做对》，电子工业出版社2013 年版。

33. 冯辉、石伟：《贸易与投资新规则视野下的竞争中立问题研究：国企改革、贸易投资新规则与国家间制度竞争》，格致出版社 2018 年版。

34. 石伟：《"竞争中立"制度的理论和实践》，法律出版社 2017 年版。

35. 徐程锦：“国际法视野下的国有企业法律定性问题”，载林中梁主编：《WTO 法与中国论坛年刊（2016）》，知识产权出版社 2016 年版.

36. 屠新泉等：“国有企业相关国际规则的新发展及中国对策”，载《亚太经济》2015 年第 2 期。

37. 樊富强：“竞争中立视角下国有企业作为政府采购主体问题研究”，载《中国政府采购》2016 年第 3 期。

38. 翁燕珍等：“GPA 参加方国有企业出价对中国的借鉴”，载《国际经济合作》2014 年第 3 期。

39. 张玉卿：《张玉卿 WTO 案例精选——WTO 热点问题荟萃》，中国商务出版社 2015 年版。

40. 胡海涛、李晓阳：“论国际竞争中立规则建构的正义维度”，载《河北经贸大学学报（综合版）》2018 年第 2 期。

41. 张宇燕："利益集团与制度非中性"，载《改革》1994 年第 2 期。

42. 高程："非中性制度与美国的经济'起飞'"，载《美国研究》2007 年第 4 期。

英文文献

1. Pin-guang Ying, "Competitive Neutrality and SOEs Reform: Recent Development and China's Practice", http://www. unescap. org/resources/competitive-neutrality-and-soes-reform-recent-development-and-china's-practice, 2014.

2. Commonwealth of Australia, "Commonwealth Competitive Neutrality Guidelines for Managers", Printing division of CanPrint Communications Pty Ltd, 1998.

3. Commonwealth of Australia, "Australian Government Competitive Neutrality-Guidelines for Managers", Canberra, 2004.

4. The Council of Australian Governments, "Competition Principles Agreement", http://www. docin. com/p-48927640. html.

5. Government of Australia, "Commonwealth 1997 Progress Report: Commonwealth Competitive Neutrality Annual Report 1996 - 97", http://ncp. ncc. gov. au/docs/ASTIV2-003. pdf.

6. OECD, Competitive neutrality: national practices in partner and accession countries, http://www. oecd. org/officialdocuments/publicdisplaydocumentpdf/? cote=DAF/CA/SOPP (2013) 1/FINAL&docLanguage=En.

7. OECD, "Competitive Neutrality- Maintaining a Level Playing Field Between Public and Private Business", http://www. oecd. org/corporate/ca/corporate-governanceofstate-ownedenterprises/50302961. pdf.

8. OECD, "Competitive Neutrality: A Compendium of OECD Recommendations, Guidelines and Best Practices", http://www. oecd. org/daf/ca/50250955. pdf.

9. OECD, "Competitive Neutrality and State-owned Enterprises: Challenges and Policy Options", OECD Corporate Governance Working Papers, No. 1, OECD (2011), http://www. oecd. org/daf/corporateaffairs/wp.

10. OECD, State Owned Enterprises and the Principle of Competitive, http://www. oecd. org/daf/ca/corporate-governanceofstate-ownedenterprises/

50251005. pdf.

11. OECD, "Non-Commercial Service Obligations 2003" [DAFFE/COMP (2004) 19].

12. UNCTAD Research Partnership Platform publiction Series, Competitive neutrality and its application in selected developing countries, http://unctad. org/en/Pages/DITC/CompetitionLaw/ResearchPartnership/Competitive-Neutrality. aspx.

13. Commonwealth of Australia, "Australia Government Competitive Neutrality Guidelines for Managers", http://www. doc88. com/p-1406546120721. html.

14. Antonio Capobianco, Hans Christiansen, "Competitive Neutrality and State-Owned Enterprises: Challenges and Policy Options", http://www. oecd-ilibrary. org/governance/competitive-neutrality-and-state-owned-enterprises_5kg9xfgjdhg6-en.

15. Council of the European Union, European Parliament, "Regulation (EC) No 1370/2007 of the European Parliament and of the Council of 23 October 2007 on public passenger transport services by rail and by road and repealing Council Regulations (EEC) Nos 1191/69 and 1107/70".

16. World Bank, "Bureaucrats in Business: The Economics and Politics of Government Ownership", 1995.

17. Derek Scissors, "Why the Trans-Pacific Partnership Must Enhance Competitive Neutrality", http://www. heritage. org/research/reports/2013/06/why-the-trans-pacific-partnership-must-enhance-competitive-neutrality.

18. Mireya Solis, "Last Train for Asia-Pacific Integration? U. S. Objectives in the TPP Negotiations", Waseda University Organisation for Japan-US Studies Working Paper No. 201102, 2011.

19. United States Senate Committee on Finance, "The Trans-Pacific Partnership: Opportunitiesand Challenges", http://www. finance. senate. gov/hearings/the-trans-pacific-partnership-opportunities-and-challenges.

20. Robert D. Hormats, "Ensuring a Sound Basis for Global Competition: Competitive Neutrality", Under Secretary for Economic, Energy and Agricultural Af-

fairs, Washington, DC, http://2009-2017. state. gov/e/rls/rmk/20092013/2011/163472. htm.

21. Kimberly Amadeo, "What Is the Trans - Pacific Partnership? Advantages, Disadvantages, Obstacles and Next Steps", http://useconomy. about. com/od/Trade-Agreements/fl/What-Is-the-Trans-Pacific-Partnership. htm.

22. William Krist, "Negotiations for a Trans - Pacific Partnership Agreement", *Wilson Center Program on America and the Global Economy.*

23. Council Regulation (EC) No 659/1999 of 22 March 1999 laying down detailed rule for the application of Article 93 of the EC Treaty, 1999.

24. White & Case, "EU outlines preliminary goals in connection to first TTIP round", http://www. lexology. com/library/detail. aspx? g = 105edc5d-d900-40ee-8a7f-67c44a93f516.

25. United States Department of Commerce ("USDOC"), "Issues and Decision Memorandum for the Final Determination in the Countervailing Duty Investigation of Coated Free Sheet from the People's Republic of China", C-570-907, 2007.

26. USDOC, "Issues and Decision Memorandum for the Final Determination in the Countervailing Duty Investigation of Certain Kitchen Appliance Shelving and Racks from the People's Republic of China" ("Kitchen Shelving IDM"), C-570-942, 2009.

附件 1

"十八大" 以来国家层面与"竞争中立" 相关的表述

APPENDIX 1

发布时间	部门	政策文件	相关内容
2012. 11.8	中共中央	《坚定不移沿着中国特色社会主义道路前进 为全面建成小康社会而奋斗》（十八大报告）	毫不动摇鼓励、支持、引导非公有制经济发展，保证各种所有制经济依法平等使用生产要素、公平参与市场竞争、同等受到法律保护。
2013. 5.24	国务院	《国务院批转发展改革委关于 2013 年深化经济体制改革重点工作意见的通知》	正确处理好政府与市场、政府与社会的关系。抓紧清理有碍公平竞争的政策法规，推动民间资本有效进入金融、能源、铁路、电信等领域。按照转变政府职能、简政放权的原则，制定政府投资条例、企业投资项目核准和备案管理条例。
2013. 11.12	中共中央	《中国共产党十八届三中全会公报》	建设统一开放、竞争有序的市场体系，是使市场在资源配置中起决定性作用的基础。必须加快形成企业自主经营、公平竞争，消费者自由选择、自主消费，商品和要素自由流动、平等交换的现代市场体系，着力清除市场壁垒，提高资源配置效率和公平性。要建立公平开放透明的市场规则，完

发布时间	部门	政策文件	相关内容
			善主要由市场决定价格的机制，建立城乡统一的建设用地市场，完善金融市场体系，深化科技体制改革。
2014.5.20	国务院	《国务院批转发展改革委关于2014年深化经济体制改革重点任务意见的通知》	加快清理限制非公有制经济发展的法律、法规、规章和规范性文件，推动非国有资本参与中央企业投资和进入特许经营领域。放开包括自然垄断行业竞争性业务在内的所有竞争性领域，为民间资本提供大显身手的舞台。 发挥市场机制对产业结构优化升级的决定性作用。抓紧清理各类优惠政策，强化环保、安全、能耗、用地等标准，通过市场竞争实现优胜劣汰，促进落后、过剩产能退出，推动企业加强管理创新和商业模式创新。 以改革开放的相互促进，推动要素有序流动、资源高效配置、市场深度融合、产业转型升级，打造符合国际投资贸易规则、内外资企业公平竞争的营商环境，加快培育国际竞争新优势。
2014.7.8	国务院	《国务院关于促进市场公平竞争维护市场正常秩序的若干意见》	平等保护各类市场主体合法权益，维护公平竞争的市场秩序，促进经济社会持续健康发展。 放宽市场准入，凡是市场主体基于自愿的投资经营和民商事行为，只要不属于法律法规禁止进入的领域，不损害第三方利益、社会公共利益和国家安全，政府不得

附件1 "十八大"以来国家层面与"竞争中立"相关的表述

续表

发布时间	部门	政策文件	相关内容
			限制进入。制定市场准入负面清单，国务院以清单方式明确列出禁止和限制投资经营的行业、领域、业务等，清单以外的，各类市场主体皆可依法平等进入。探索对外商投资实行准入前国民待遇加负面清单的管理模式。 打破地区封锁和行业垄断。对各级政府和部门涉及市场准入、经营行为规范的法规、规章和规定进行全面清理，废除妨碍全国统一市场和公平竞争的规定和做法，纠正违反法律法规实行优惠政策招商的行为，纠正违反法律法规对外地产品或者服务设定歧视性准入条件及收费项目、规定歧视性价格及购买指定的产品、服务等行为。对公用事业和重要公共基础设施领域实行特许经营等方式，引入竞争机制，放开自然垄断行业竞争性业务。 公开市场监管执法信息。推行地方各级政府及其市场监管部门权力清单制度，依法公开权力运行流程。
2014.10.23	中共中央	《中国共产党十八届四中全会公报》	依法全面履行政府职能，推进机构、职能、权限、程序、责任法定化，推行政府权力清单制度。
2014.12.9	国务院	《国务院关于清理规范税收等优惠政策的通知》	以加快建设统一开放、竞争有序的市场体系，促进社会主义市场经济健康发展为目标，通过清理规范税收等优惠政策，反对地方保

发布时间	部门	政策文件	相关内容
			护和不正当竞争，着力清除影响商品和要素自由流动的市场壁垒，推动完善社会主义市场经济体制，使市场在资源配置中起决定性作用，促进经济转型升级。各有关部门要按照法律法规和国务院统一要求，清理规范本部门出台的税收等优惠政策，各地区要同步开展清理规范工作。凡违法违规或影响公平竞争的政策都要纳入清理规范的范围，既要规范税收、非税等收入优惠政策，又要规范与企业缴纳税收或非税收入挂钩的财政支出优惠政策。
2015.3.23	中共中央/国务院	《中共中央国务院关于深化体制机制改革加快实施创新驱动发展战略的若干意见》	发挥市场竞争激励创新的根本性作用，营造公平、开放、透明的市场环境，强化竞争政策和产业政策对创新的引导，促进优胜劣汰，增强市场主体创新动力。加快推进垄断性行业改革，放开自然垄断行业竞争性业务，建立鼓励创新的统一透明、有序规范的市场环境。打破地方保护，清理和废除妨碍全国统一市场的规定和做法，纠正地方政府不当补贴或利用行政权力限制、排除竞争的行为，探索实施公平竞争审查制度。
2015.5.18	国务院	《国务院批转发展改革委关于2015年深化经济体制改革重点工作意见的通知》	制定清理、废除妨碍全国统一市场和公平竞争的各种规定、做法的意见。制定实行市场准入负面清单制度的指导意见和负面清单草案，出台负面清单制度改革试点

发布时间	部门	政策文件	相关内容
			办法并开展试点。促进产业政策和竞争政策有效协调,建立和规范产业政策的公平性、竞争性审查机制。修改反不正当竞争法。改革市场监管执法体制,推进重点领域综合执法。
2015. 9.24	国务院	《国务院关于国有企业发展混合所有制经济的意见》	对自然垄断行业,实行以政企分开、政资分开、特许经营、政府监管为主要内容的改革,根据不同行业特点实行网运分开、放开竞争性业务,促进公共资源配置市场化,同时加强分类依法监管,规范营利模式。 国防军工等特殊产业,从事战略武器装备科研生产、关系国家战略安全和涉及国家核心机密的核心军工能力领域,实行国有独资或绝对控股。其他军工领域,分类逐步放宽市场准入,建立竞争性采购体制机制,支持非国有企业参与武器装备科研生产、维修服务和竞争性采购。 推动加快制定有关产权保护、市场准入和退出、交易规则、公平竞争等方面法律法规。
2015. 10.19	国务院	《国务院关于实行市场准入负面清单制度的意见》	营造与市场准入负面清单制度相适应的公平交易平等竞争的市场环境。有关部门要按要求清理和废除制约市场在资源配置中发挥决定性作用、妨碍全国统一市场和公平竞争的各种规定和做法,严禁和惩处各类违法实行优惠政策行为,反对地方保护,反对垄

续表

发布时间	部门	政策文件	相关内容
			断和不正当竞争，防止相关政策妨碍全国统一市场和公平竞争。
2015.12.17	国务院	《国务院关于加快实施自由贸易区战略的若干意见》	推进规则谈判。结合全面深化改革和全面依法治国的要求，对符合我国社会主义市场经济体制建设和经济社会稳定发展需要的规则议题，在自由贸易区谈判中积极参与。参照国际通行规则及其发展趋势，结合我国发展水平和治理能力，加快推进知识产权保护、环境保护、电子商务、竞争政策、政府采购等新议题谈判。知识产权保护方面，通过自由贸易区建设，为我国企业"走出去"营造更加公平的知识产权保护环境，推动各方完善知识产权保护制度，加大知识产权保护和执法力度，增强企业和公众的知识产权保护意识，提升我国企业在知识产权保护领域的适应和应对能力。环境保护方面，通过自由贸易区建设进一步加强环境保护立法和执法工作，借鉴国际经验探讨建立有关环境影响评价机制的可行性，促进贸易、投资与环境和谐发展。电子商务方面，通过自由贸易区建设推动我国与自由贸易伙伴电子商务企业的合作，营造对彼此有利的电子商务规则环境。竞争政策方面，发挥市场在资源配置中的决定性作用，通过自由贸易区建设进一步促进完善我国竞争政策法律环境，构建法治化、

附件1 "十八大"以来国家层面与"竞争中立"相关的表述

续表

发布时间	部门	政策文件	相关内容
			国际化的营商环境。 政府采购方面，条件成熟时与自由贸易伙伴在自由贸易区框架下开展政府采购市场开放谈判，推动政府采购市场互惠对等开放。
2016. 6.14	国务院	《国务院关于在市场体系建设中建立公平竞争审查制度的意见》	为规范政府有关行为，防止出台排除、限制竞争的政策措施，逐步清理废除妨碍全国统一市场和公平竞争的规定和做法，就市场体系建设中建立公平竞争审查制度提出系列意见，包括充分认识建立公平竞争审查制度的重要性和紧迫性、明确建立公平竞争审查制度的总体要求和基本原则、科学建立公平竞争审查制度、推动公平竞争审查制度有序实施、健全公平竞争审查保障措施等。
2016. 7.26	国务院办公厅	《国务院办公厅关于推动中央企业结构调整与重组的指导意见》	坚持公有制主体地位，发挥国有经济主导作用，以优化国有资本配置为中心，着力深化改革，调整结构，加强科技创新，加快转型升级，加大国际化经营力度，提升中央企业发展质量和效益，推动中央企业在市场竞争中不断发展壮大，更好发挥中央企业在保障国民经济持续健康安全发展中的骨干中坚作用。
2016. 8.22	国务院	《国务院关于印发降低实体经济企业成本工作方案的通知》	加快剥离国有企业办社会职能和解决历史遗留问题，减轻企业负担。建立政府和国有企业合理分担成本的机制，坚持分类指导、分步实施，多渠道筹措资金，加

发布时间	部门	政策文件	相关内容
			快剥离国有企业办社会职能。全面推进国有企业职工家属区"三供一业"分离移交，剥离企业办医疗、教育等公共服务机构，对国有企业退休人员实行社会化管理，解决好厂办大集体等国有企业历史遗留问题。
2016.10.10	国务院	《国务院关于积极稳妥降低企业杠杆率的意见》	推动混合所有制改革，鼓励国有企业通过出让股份、增资扩股、合资合作等方式引入民营资本。
2017.4.18	国务院	《国务院批转国家发展改革委关于2017年深化经济体制改革重点工作意见的通知》	全面推进国企改革"1+N"文件落地见效。以提高国有企业质量和效益为中心，抓住关键环节实施突破，增强国有企业核心竞争力。基本完成国有企业公司制改革，探索在中央企业集团层面实行股权多元化，推进董事会建设，形成有效制衡的公司法人治理结构、灵活高效的市场化经营机制。深入推进中央企业兼并重组，持续推进国有企业瘦身健体、提质增效，进一步突出主业，抓紧剥离办社会职能，解决历史遗留问题。改善和加强国有资产监管，实现国有资产保值增值。加快推动国有资本投资、运营公司改革试点。坚持党管干部原则与董事会依法产生、董事会依法选择经营管理者、经营管理者依法行使用人权相结合，探索建立中央企业领导人员分类分层管理制度。研究制定改革国有企业工资决定

发布时间	部门	政策文件	相关内容
			机制的意见,启动国有企业职业经理人薪酬制度改革试点。制定实施深化东北地区国有企业改革专项工作方案。 深化国有企业混合所有制改革。按照完善治理、强化激励、突出主业、提高效率的要求,深化混合所有制改革,在电力、石油、天然气、铁路、民航、电信、军工等领域迈出实质性步伐,严格规范混合所有制改革操作流程和审批程序,严格执行重大事项请示报告制度,在引入合格非国有战略投资者、完善法人治理结构、建立市场化激励约束机制和薪酬管理体系、探索实行国家特殊管理股制度、探索企业法人治理结构与党建工作有机结合的途径和方式等方面,形成可复制可推广的经验。指导推动各地积极稳妥开展混合所有制改革试点。在纳入首批试点的中央企业所属子企业和地方国有企业,规范推进国有控股混合所有制企业员工持股试点,成熟一户、开展一户,及时进行阶段性总结。支持非公有制企业、股权投资基金等各方参与国有企业混合所有制改革,主业处于充分竞争行业和领域的商业类国有企业,积极引入其他国有资本或各类非国有资本实现股权多元化,国有资本可以绝对控股、可以相对控股,也可以参股。

发布时间	部门	政策文件	相关内容
			加大重点行业改革力度。加快推进电力体制改革，有序放开发用电计划，扩大电力市场化交易规模，完善可再生能源消纳保障机制，加快电力交易机构股份制改造，积极培育售电侧市场主体，深入开展增量配电业务改革试点。出台实施石油天然气体制改革方案，加快研究制定改革配套政策和专项方案。全面实施盐业体制改革，打破食盐生产批发经营区域限制，完善食盐储备和监管机制，保证食盐安全稳定供应。
2017.5.3	国务院办公厅	《国务院办公厅关于进一步完善国有企业法人治理结构的指导意见》	以建立健全产权清晰、权责明确、政企分开、管理科学的现代企业制度为方向，积极适应国有企业改革的新形势新要求，坚持党的领导、加强党的建设，完善体制机制，依法规范权责，根据功能分类，把握重点，进一步健全各司其职、各负其责、协调运转、有效制衡的国有企业法人治理结构。
2017.5.10	国务院办公厅	《国务院办公厅关于转发国务院国资委以管资本为主推进职能转变方案的通知》	按照深化简政放权、放管结合、优化服务改革的要求，依法履行职责，以管资本为主加强国有资产监管，以提高国有资本效率、增强国有企业活力为中心，明确监管重点，精简监管事项，优化部门职能，改进监管方式，全面加强党的建设，进一步提高监管的科学性、针对性和有效性，加快实现以管企业为主向以管资本为主的转变。

发布时间	部门	政策文件	相关内容
2017.8.16	国务院	《国务院关于促进外资增长若干措施的通知》	鼓励外资参与国有企业混合所有制改革。
2018.5.25	国务院	《国务院关于改革国有企业工资决定机制的意见》	坚持建立中国特色现代国有企业制度改革方向。坚持所有权和经营权相分离，进一步确立国有企业的市场主体地位，发挥企业党委（党组）领导作用，依法落实董事会的工资分配管理权，完善既符合企业一般规律又体现国有企业特点的工资分配机制，促进国有企业持续健康发展。坚持效益导向与维护公平相统一。国有企业工资分配要切实做到既有激励又有约束、既讲效率又讲公平。坚持按劳分配原则，健全国有企业职工工资与经济效益同向联动、能增能减的机制，在经济效益增长和劳动生产率提高的同时实现劳动报酬同步提高。统筹处理好不同行业、不同企业和企业内部不同职工之间的工资分配关系，调节过高收入。坚持市场决定与政府监管相结合。充分发挥市场在国有企业工资分配中的决定性作用，实现职工工资水平与劳动力市场价位相适应、与增强企业市场竞争力相匹配。更好发挥政府对国有企业工资分配的宏观指导和调控作用，改进和加强事前引导和事后监督，规范工资分配秩序。

续表

发布时间	部门	政策文件	相关内容
			坚持分类分级管理。根据不同国有企业功能性质定位、行业特点和法人治理结构完善程度，实行工资总额分类管理。按照企业国有资产产权隶属关系，健全工资分配分级监管体制，落实各级政府职能部门和履行出资人职责机构（或其他企业主管部门，下同）的分级监管责任。

"十八大" 以来国家层面与"国有企业改革" 相关的表述

APPENDIX 2

发布时间	部门	政策文件/提法	相关内容
2012.11.8	中共中央	《坚定不移沿着中国特色社会主义道路前进　为全面建成小康社会而奋斗》（十八大报告）	要毫不动摇巩固和发展公有制经济，推行公有制多种实现形式，深化国有企业改革，完善各类国有资产管理体制，推动国有资本更多投向关系国家安全和国民经济命脉的重要行业和关键领域，不断增强国有经济活力、控制力、影响力。
2013.5.24	国务院	《国务院批转发展改革委关于 2013 年深化经济体制改革重点工作意见的通知》	建立健全覆盖全部国有企业的国有资本经营预算和收益分享制度。 继续推进国有企业改革。推动大型国有企业公司制股份制改革，大力发展混合所有制经济。推进国有经济战略性调整和国有企业并购重组，着力培育一批具有国际竞争力的大企业。完善各类国有资产监督管理制度。加快解决国有企业办社会负担和历史遗留问题。 深化收入分配制度改革。贯彻落实深化收入分配制度改革的若干意见，制定出台合理提高劳动报酬、加强国有企业收入分配调控、整顿和规范收入分配秩序等重点配套方案和实施细则。

发布时间	部门	政策文件/提法	相关内容
2013. 11.12	中共 中央	《中国共产党 十八届三中全 会公报》	公有制为主体、多种所有制经济共同 发展的基本经济制度，是中国特色社 会主义制度的重要支柱，也是社会主 义市场经济体制的根基。公有制经济 和非公有制经济都是社会主义市场经 济的重要组成部分，都是我国经济社 会发展的重要基础。必须毫不动摇巩 固和发展公有制经济，坚持公有制主 体地位，发挥国有经济主导作用，不 断增强国有经济活力、控制力、影响 力。必须毫不动摇鼓励、支持、引导 非公有制经济发展，激发非公有制经 济活力和创造力。要完善产权保护制 度，积极发展混合所有制经济，推动 国有企业完善现代企业制度，支持非 公有制经济健康发展。
2014. 5.20	国务院	《国务院批转 发展改革委关 于2014年深 化经济体制改 革重点任务意 见的通知》	深化国有企业改革，深入研究和准确 定位国有企业的功能性质，区分提供 公益性产品或服务、自然垄断环节、 一般竞争性行业等类型，完善国有企 业分类考核办法，推动国有经济战略 性调整，增强国有经济的市场活力和 国际竞争力。以管资本为主加强国有 资产监管，推进国有资本投资运营公 司试点。遵循市场经济规律和技术经 济规律，有序推进电信、电力、石 油、天然气等行业改革。 加快发展混合所有制经济。推进国有 企业股权多元化改革，建立政府和社 会资本合作机制。除少数涉及国家安 全的企业和投资运营公司可采用国有 独资形式外，其他行业和领域国有资 本以控股或参股形式参与经营。加快

附件 2 "十八大"以来国家层面与"国有企业改革"相关的表述

续表

发布时间	部门	政策文件/提法	相关内容
			清理限制非公有制经济发展的法律、法规、规章和规范性文件,推动非国有资本参与中央企业投资和进入特许经营领域。放开包括自然垄断行业竞争性业务在内的所有竞争性领域,为民间资本提供大显身手的舞台。发展混合所有制经济要依法合规、规范运作,有效防止国有资产流失。
2014. 8.29	中央深化改革领导小组	《中央管理企业负责人薪酬制度改革方案》	方案只涉及由中央管理的 72 家副部级央企负责人,未提及市场化职业经理人的薪酬制度。方案规定的央企负责人薪酬包括基本年薪、绩效年薪和任期激励收入三部分,其中,任期激励收入不包含股权激励。
2015. 5.18	国务院	《国务院批转发展改革委关于 2015 年深化经济体制改革重点工作意见的通知》	以解放和发展社会生产力为标准,毫不动摇巩固和发展公有制经济,提高国有企业核心竞争力和国有资本效率,不断增强国有经济活力、控制力、影响力、抗风险能力。毫不动摇鼓励、支持、引导非公有制经济发展,激发非公有制经济活力和创造力。 推进国企国资改革,出台深化国有企业改革指导意见,制定改革和完善国有资产管理体制、国有企业发展混合所有制经济等系列配套文件。制定中央企业结构调整与重组方案,加快推进国有资本运营公司和投资公司试点,形成国有资本流动重组、布局调整的有效平台。 制定进一步完善国有企业法人治理结构方案,修改完善中央企业董事会董事评价办法,推动国有企业完善现代企业制度。完善中央企业分类考核实

— 211 —

发布时间	部门	政策文件/提法	相关内容
			施细则，健全经营业绩考核与薪酬分配有效衔接的激励约束机制。推进剥离国有企业办社会职能和解决历史遗留问题。 出台加强和改进企业国有资产监督防范国有资产流失的意见。出台进一步加强和改进外派监事会工作的意见。加快建立健全国有企业国有资本审计监督体系和制度。加强对国有企业境外资产的审计监督。完善国有企业内部监督机制。健全国有企业违法违规经营责任追究体系，制定国有企业经营投资责任追究制度的指导意见。 支持非公有制经济健康发展，全面落实促进民营经济发展的政策措施。鼓励非公有制企业参与国有企业改制，鼓励发展非公有资本控股的混合所有制企业。出台实施鼓励和规范国有企业投资项目引入非国有资本的指导意见。 完善产权保护制度，健全归属清晰、权责明确、保护严格、流转顺畅的现代产权制度，让各类企业法人财产权依法得到保护。修改国有产权交易流转监管办法和实施细则，提高国有资产交易流转的规范性和透明度。查处侵犯市场主体产权的典型案例，引导和改善保护产权的舆论环境和社会氛围。

续表

发布时间	部门	政策文件/提法	相关内容
2015.6.5	中央深化改革领导小组	《关于在深化国有企业改革中坚持党的领导加强党的建设的若干意见》《关于加强和改进企业国有资产监督防止国有资产流失的意见》	中央全面深化改革领导小组第十三次会议通过《关于在深化国有企业改革中坚持党的领导加强党的建设的若干意见》，给国有企业改革重新制定了路线图，这个顶层设计的核心就是党要管国企。同时审议通过了《关于加强和改进企业国有资产监督防止国有资产流失的意见》，旨在防止国有资产流失。
2015.8.24	中共中央/国务院	《中共中央国务院关于深化国有企业改革的指导意见》	分别从以下几个方面对国有企业改革进行了规定： 1. 分类推进国有企业改革：①划分国有企业不同类别，将国有企业分为商业类和公益类。②推进商业类国有企业改革。③推进公益类国有企业改革。 2. 完善现代企业制度：①推进公司制股份制改革。②健全公司法人治理结构。③建立国有企业领导人员分类分层管理制度。④实行与社会主义市场经济相适应的企业薪酬分配制度。⑤深化企业内部用人制度改革。 3. 完善国有资产管理体制：①以管资本为主推进国有资产监管机构职能转变。②以管资本为主改革国有资本授权经营体制。③以管资本为主推动国有资本合理流动优化配置。④以管资本为主推进经营性国有资产集中统一监管。 4. 发展混合所有制经济：①推进国有企业混合所有制改革。②引入非国有

发布时间	部门	政策文件/提法	相关内容
			资本参与国有企业改革。③鼓励国有资本以多种方式入股非国有企业。④探索实行混合所有制企业员工持股。 5. 强化监督防止国有资产流失：①强化企业内部监督。②建立健全高效协同的外部监督机制。③实施信息公开加强社会监督。④严格责任追究。 6. 加强和改进党对国有企业的领导：①充分发挥国有企业党组织政治核心作用。②进一步加强国有企业领导班子建设和人才队伍建设。③切实落实国有企业反腐倡廉"两个责任"。 7. 为国有企业改革创造良好环境条件：①完善相关法律法规和配套政策。②加快剥离企业办社会职能和解决历史遗留问题。③形成鼓励改革创新的氛围。④加强对国有企业改革的组织领导。
2015.9.24	国务院	《国务院关于国有企业发展混合所有制经济的意见》	混合所有制改革主要从以下几个方面进行： 1. 分类推进国有企业混合所有制改革：①稳妥推进主业处于充分竞争行业和领域的商业类国有企业混合所有制改革。②有效探索主业处于重要行业和关键领域的商业类国有企业混合所有制改革。对主业处于关系国家安全、国民经济命脉的重要行业和关键领域、主要承担重大专项任务的商业类国有企业，要保持国有资本控股地位，支持非国有资本参股。对自然垄断行业，实行以政企分开、政资分开、

附件2 "十八大"以来国家层面与"国有企业改革"相关的表述

续表

发布时间	部门	政策文件/提法	相关内容
			特许经营、政府监管为主要内容的改革，根据不同行业特点实行网运分开、放开竞争性业务，促进公共资源配置市场化，同时加强分类依法监管，规范营利模式。③引导公益类国有企业规范开展混合所有制改革。
			2. 分层推进国有企业混合所有制改革：①引导在子公司层面有序推进混合所有制改革。②探索在集团公司层面推进混合所有制改革。③鼓励地方从实际出发推进混合所有制改革。
			3. 鼓励各类资本参与国有企业混合所有制改革：①鼓励非公有资本参与国有企业混合所有制改革。②支持集体资本参与国有企业混合所有制改革。③有序吸收外资参与国有企业混合所有制改革。④推广政府和社会资本合作（PPP）模式。⑤鼓励国有资本以多种方式入股非国有企业。⑥探索完善优先股和国家特殊管理股方式。⑦探索实行混合所有制企业员工持股。
			4. 建立健全混合所有制企业治理机制：①进一步确立和落实企业市场主体地位。②健全混合所有制企业法人治理结构。③推行混合所有制企业职业经理人制度。
			5. 建立依法合规的操作规则：①严格规范操作流程和审批程序。②健全国有资产定价机制。③切实加强监管。

发布时间	部门	政策文件/提法	相关内容
2015. 11.4	国务院	《国务院关于改革和完善国有资产管理体制的若干意见》	1. 推进国有资产监管机构职能转变：①准确把握国有资产监管机构的职责定位。②进一步明确国有资产监管重点。③推进国有资产监管机构职能转变。④改进国有资产监管方式和手段。 2. 改革国有资本授权经营体制：①改组组建国有资本投资、运营公司。主要通过划拨现有商业类国有企业的国有股权，以及国有资本经营预算注资组建；或选择具备一定条件的国有独资企业集团改组设立。②明确国有资产监管机构与国有资本投资、运营公司关系。政府授权国有资产监管机构依法对国有资本投资、运营公司履行出资人职责。③界定国有资本投资、运营公司与所出资企业关系。国有资本投资、运营公司依据公司法等相关法律法规，对所出资企业依法行使股东权利，以出资额为限承担有限责任。④开展政府直接授权国有资本投资、运营公司履行出资人职责的试点工作。中央层面开展由国务院直接授权国有资本投资、运营公司试点等工作。地方政府可以根据实际情况，选择开展直接授权国有资本投资、运营公司试点工作。 3. 提高国有资本配置和运营效率：①建立国有资本布局和结构调整机制。②推进国有资本优化重组。③建立健全国有资本收益管理制度。 4. 协同推进相关配套改革：①完善有关法律法规。②推进政府职能转变。

续表

发布时间	部门	政策文件/提法	相关内容
			③落实相关配套政策。④妥善解决历史遗留问题。⑤稳步推进经营性国有资产集中统一监管。
2015.12.29	国资委、财政部、发改委	《关于国有企业功能界定与分类的指导意见》	1. 划分类别：将国有企业界定为商业类和公益类。 商业类国有企业以增强国有经济活力、放大国有资本功能、实现国有资产保值增值为主要目标，按照市场化要求实行商业化运作，依法独立自主开展生产经营活动，实现优胜劣汰、有序进退。其中，主业处于关系国家安全、国民经济命脉的重要行业和关键领域、主要承担重大专项任务的商业类国有企业，要以保障国家安全和国民经济运行为目标，重点发展前瞻性战略性产业，实现经济效益、社会效益与安全效益的有机统一。 公益类国有企业以保障民生、服务社会、提供公共产品和服务为主要目标，必要的产品或服务价格可以由政府调控；要积极引入市场机制，不断提高公共服务效率和能力。 商业类国有企业和公益类国有企业作为独立的市场主体，经营机制必须适应市场经济要求；作为社会主义市场经济条件下的国有企业，必须自觉服务国家战略，主动履行社会责任。 2. 分类施策：①分类推进改革。②分类促进发展。③分类实施监管。④分类定责考核。 3. 组织实施：按照谁出资谁分类的原则，履行出资人职责机构负责制定所出资企业的功能界定与分类方案全面

发布时间	部门	政策文件/提法	相关内容
2016. 3.29	国务院	《国务院关于落实〈政府工作报告〉重点工作部门分工的意见》	公布地方政府权力和责任清单，在部分地区试行市场准入负面清单制度。对行政事业性收费、政府定价或指导价经营服务性收费、政府性基金、国家职业资格，实行目录清单管理。加快建设统一开放、竞争有序的市场体系，打破地方保护。 大力推进国有企业改革。以改革促发展，坚决打好国有企业提质增效攻坚战。推动国有企业特别是中央企业结构调整，创新发展一批，重组整合一批，清理退出一批。推进股权多元化改革，开展落实企业董事会职权、市场化选聘经营者、职业经理人制度、混合所有制、员工持股等试点。深化企业用人制度改革，探索建立与市场化选任方式相适应的高层次人才和企业经营管理者薪酬制度。加快改组组建国有资本投资、运营公司。以管资本为主推进国有资产监管机构职能转变，防止国有资产流失，实现国有资产保值增值。赋予地方更多国有企业改革自主权。加快剥离国有企业办社会职能，解决历史遗留问题，让国有企业瘦身健体，增强核心竞争力。 更好激发非公有制经济活力。大幅放宽电力、电信、交通、石油、天然气、市政公用等领域市场准入，消除各种隐性壁垒，鼓励民营企业扩大投资、参与国有企业改革。在项目核准、融资服务、财税政策、土地使用等方面一视同仁。依法平等保护各种所有制经济产权，严肃查处侵犯非公

发布时间	部门	政策文件/提法	相关内容
			有制企业及非公有制经济人士合法权益的行为，营造公平、公正、透明、稳定的法治环境，构建新型政商关系，促进各类企业各展其长、共同发展。
2016.7.26	国务院办公厅	《国务院办公厅关于推动中央企业结构调整与重组的指导意见》	坚持公有制主体地位，发挥国有经济主导作用，以优化国有资本配置为中心，着力深化改革，调整结构，加强科技创新，加快转型升级，加大国际化经营力度，提升中央企业发展质量和效益，推动中央企业在市场竞争中不断发展壮大，更好发挥中央企业在保障国民经济持续健康安全发展中的骨干中坚作用。
2016.8.22	国务院	《国务院关于印发降低实体经济企业成本工作方案的通知》	加快剥离国有企业办社会职能和解决历史遗留问题，减轻企业负担。建立政府和国有企业合理分担成本的机制，坚持分类指导、分步实施，多渠道筹措资金，加快剥离国有企业办社会职能。全面推进国有企业职工家属区"三供一业"分离移交，剥离企业办医疗、教育等公共服务机构，对国有企业退休人员实行社会化管理，解决好厂办大集体等国有企业历史遗留问题。
2016.10.10	国务院	《国务院关于积极稳妥降低企业杠杆率的意见》	推动混合所有制改革，鼓励国有企业通过出让股份、增资扩股、合资合作等方式引入民营资本。
2016.12.19	国务院	《国务院关于印发"十三五"国家战略性新兴产业发展规划的通知》	全面落实深化国有企业改革各项部署，在战略性新兴产业领域国有企业中率先进行混合所有制改革试点示范，开展混合所有制企业员工持股试点。发布战略性新兴产业重点产品和服务指导目录。

续表

发布时间	部门	政策文件/提法	相关内容
2017.3.28	国务院	《国务院关于落实〈政府工作报告〉重点工作部门分工的意见》	深入推进国企国资改革。以提高核心竞争力和资源配置效率为目标，形成有效制衡的公司法人治理结构、灵活高效的市场化经营机制。今年要基本完成公司制改革。深化混合所有制改革，在电力、石油、天然气、铁路、民航、电信、军工等领域迈出实质性步伐。抓好电力和石油天然气体制改革，开放竞争性业务。持续推进国有企业瘦身健体、提质增效，抓紧剥离办社会职能，解决历史遗留问题。推进国有资本投资、运营公司改革试点。改善和加强国有资产监管，确保资产保值增值，把人民的共同财富切实守护好、发展好。
2017.5.3	国务院办公厅	《国务院办公厅关于进一步完善国有企业法人治理结构的指导意见》	以建立健全产权清晰、权责明确、政企分开、管理科学的现代企业制度为方向，积极适应国有企业改革的新形势新要求，坚持党的领导、加强党的建设，完善体制机制，依法规范权责，根据功能分类，把握重点，进一步健全各司其职、各负其责、协调运转、有效制衡的国有企业法人治理结构。
2017.5.10	国务院办公厅	《国务院办公厅关于转发国务院国资委以管资本为主推进职能转变方案的通知》	按照深化简政放权、放管结合、优化服务改革的要求，依法履行职责，以管资本为主加强国有资产监管，以提高国有资本效率、增强国有企业活力为中心，明确监管重点，精简监管事项，优化部门职能，改进监管方式，全面加强党的建设，进一步提高监管的科学性、针对性和有效性，加快实现以管企业为主向以管资本为主的转变。

发布时间	部门	政策文件/提法	相关内容
2017.8.16	国务院	《国务院关于促进外资增长若干措施的通知》	鼓励外资参与国有企业混合所有制改革。
2018.4.12	国务院	《国务院关于落实〈政府工作报告〉重点工作部门分工的意见》	推进国资国企改革。制定出资人监管权责清单。深化国有资本投资、运营公司等改革试点,赋予更多自主权。继续推进国有企业优化重组和央企股份制改革,加快形成有效制衡的法人治理结构和灵活高效的市场化经营机制,持续瘦身健体,提升主业核心竞争力,推动国有资本做强做优做大。积极稳妥推进混合所有制改革。落实向全国人大常委会报告国有资产管理情况的制度。国有企业要通过改革创新,走在高质量发展前列。
2018.5.25	国务院	《国务院关于改革国有企业工资决定机制的意见》	坚持建立中国特色现代国有企业制度改革方向。坚持所有权和经营权相分离,进一步确立国有企业的市场主体地位,发挥企业党委(党组)领导作用,依法落实董事会的工资分配管理权,完善既符合企业一般规律又体现国有企业特点的工资分配机制,促进国有企业持续健康发展。坚持效益导向与维护公平相统一。国有企业工资分配要切实做到既激励又约束、既讲效率又讲公平。坚持按劳分配原则,健全国有企业职工工资与经济效益同向联动、能增能减的机制,在经济效益增长和劳动生产率提高的同时实现劳动报酬同步提高。统筹处理好不同行业、不同企业和企业内部不同职工之间的工资分配关系,

发布时间	部门	政策文件/提法	相关内容
			调节过高收入。 坚持市场决定与政府监管相结合。充分发挥市场在国有企业工资分配中的决定性作用，实现职工工资水平与劳动力市场价位相适应、与增强企业市场竞争力相匹配。更好发挥政府对国有企业工资分配的宏观指导和调控作用，改进和加强事前引导和事后监督，规范工资分配秩序。 坚持分类分级管理。根据不同国有企业功能性质定位、行业特点和法人治理结构完善程度，实行工资总额分类管理。按照企业国有资产产权隶属关系，健全工资分配分级监管体制，落实各级政府职能部门和履行出资人职责机构（或其他企业主管部门）的分级监管责任。
2018.7.30	国务院	《国务院关于推进国有资本投资、运营公司改革试点的实施意见》	着力创新体制机制，完善国有资产管理体制，深化国有企业改革，促进国有资产保值增值，推动国有资本做强做优做大，有效防止国有资产流失，切实发挥国有企业在深化供给侧结构性改革和推动经济高质量发展中的带动作用。

附件 3
中国签署的自贸协定中与"竞争中立" 相关的表述

APPENDIX 3

1. 《中国-冰岛自由贸易协定》（2013 年 4 月签署，2014 年 7 月 1 日生效）

第五章　竞　争

第六十二条　竞争规则

一、缔约方认识到，反竞争行为可能损害本协议所产生的效益。反竞争行为妨碍本协议的有效实施，可能缔约方间的双边贸易产生不利影响。

二、竞争章节同样适用于缔约方根据法律享有特殊或排他性权利的经营者，但是竞争章节的适用不应妨碍上述经营者履行其法定职能。

三、竞争章节不对缔约方的经营者创设任何具有法律约束力的义务，也不影响各自竞争执法机构的执法独立性。

四、各缔约方承诺适用各自竞争法，消除反竞争行为。在符合各自法律以及保密规定的前提下，双方的合作包括信息交流等内容。

五、缔约方竞争执法机构应就与竞争章节相关的事宜开展合作和协商。

六、竞争章节项下的任何争议应通过缔约方之间协商解决，任何一方均不得诉诸自贸协定项下的争端解决机制。

2.《中国-瑞士自由贸易协定》（2013 年 7 月签署，2014 年 7 月 1 日生效）

第十章　竞　争

第 10 条　竞争

一、经营者之间排除、限制竞争的协议，滥用市场支配地位，以及具有排除、限制竞争效果的经营者集中等反竞争行为可能会对双边贸易产生不利影响，并因此妨碍本协定有效实施。在此方面，缔约双方适用各自竞争法律。

二、竞争章节适用于缔约双方所有经营者。竞争章节的适用不能妨碍缔约双方根据法律法规享有特殊或排他性权利的经营者履行这些权利。

三、竞争章节不对缔约双方的经营者创设任何具有法律约束力的义务，也不干预各自竞争执法机构的执法独立性。

四、缔约双方竞争执法机构间的合作对缔约双方贸易领域内竞争法的有效实施具有重要作用。缔约双方执法机构在反竞争行为方面应开展合作。

五、如果缔约一方认为，某种行为继续对贸易产生第一款所述的影响，该方可以要求在联合委员会进行协商，以促进该问题的解决。

六、本协定第十五章（争端解决）不适用于本章。

3.《中国-韩国自由贸易协定》（2015 年 6 月 1 日签署，2015 年 12 月 20 日生效）

第十四章　竞争政策

第 14.1 条　目标

各缔约方认识到，禁止经营者的反竞争商业行为，实施竞争政策，针对竞争问题开展合作，有利于防止贸易自由化利益受损，有利于提高经济效率和增进消费者福利。

第 14.2 条　竞争法和竞争机构

一、各缔约方应维持或实施竞争法，禁止反竞争商业行为，促进和保护市场竞争过程。各缔约方应保持设立一个或多个竞争机构，负责其本国竞争法执法。

二、各缔约方应依据各自的相关法律法规，对反竞争商业行为采取相应措施，防止贸易自由化利益受损。

第 14.3 条　执法原则

一、各缔约方竞争执法应符合透明、非歧视和程序正义原则。

二、在竞争执法过程中，各缔约方给予非本方相对人的待遇应不低于本方相对人在同等条件下享有的待遇。

三、各缔约方应确保：

（一）在调查相对人行为是否违反竞争法时，或者在确定对相对人的违法行为需要采取的行政处罚或救济措施时，允许相对人通过表达意见、提出证据等方式为自己辩护。

（二）因违反竞争法而被处罚或采取救济措施的相对人，有权依法申请行政复议或提起行政诉讼。

第 14.4 条　透明度

一、各缔约方应以网络公开等方式公开其有关竞争政策的法律法规，包括调查的程序规则在内。

二、各缔约方应确保所有认定违反竞争法的最终行政决定以书面形式作出，并提供作出该决定的事实和法律依据。

三、各缔约方应根据其法律法规尽量公开决定和命令，被公开的决定或命令不应包含商业秘密信息或按照法律规定不宜公开的其他信息。

第 14.5 条　竞争法的适用

一、本章适用于各缔约方的所有经营者。

二、本章并不妨碍一缔约方创立和保持公用企业，或者赋予企业以特殊权利或排他性权利。

三、对于公用企业，以及享有特殊权利〔1〕或排他性权利的企业：

（一）缔约任一方均不应该采取或维持与本章第二条所列原则不一致的措施；且

（二）缔约双方应保证上述企业受本章第十三条所列的本国竞争法约束，上述原则和竞争法的实施不应在法律上或事实上阻碍上述企业执行指派给该企业的特殊任务。

第 14.6 条　执法合作

一、缔约双方认识到双方在竞争领域的合作和协调对促进有效竞争执法的重要性。为此，缔约双方将通过通报、磋商、信息交换、技术合作等方式开展合作。

二、缔约双方认识到开展消费者保护法相关事务合作的重要性。为此，缔约双方可以交换和共享消费者保护方面的信息，

---

〔1〕　特殊权利是指缔约一方指定或限定两个或更多企业享有提供商品或服务的权利，而此指定并非按照客观、成比例和非歧视标准确定的；或者，一缔约方授予某些企业法律上或法规上的优势，而此优势将影响其他企业提供相同商品或者服务的能力。

以更好地保护消费者权益。

第 14.7 条　通报

一、一缔约方如果认为其执法活动可能对另一缔约方重要利益产生实质性影响，应通过其竞争机构向另一缔约方竞争机构通报其执法活动。

二、在不违反缔约方的竞争法，且不影响任何正在进行的调查的情况下，开展调查的缔约方应尽量在调查的早期阶段向另一方通报。通报应足够详细，以使另一缔约方能够进行利益评估。

三、缔约双方应在各自可用的行政资源内，尽最大努力保证按照上述要求进行通报。

第 14.8 条　磋商

一、为促进缔约双方相互理解，或者为处理本章执行过程中出现的特定事项，一缔约方应另一缔约方要求，应就对方提出的关注与其进行磋商。提出磋商请求的一缔约方应当在请求中指明相关事项如何影响缔约双方间的贸易或投资。

二、一缔约方对提出磋商请求的另一缔约方的关注应当给予充分谅解和考虑。

三、为便于就有关事项进行磋商，一缔约方应尽量向另一缔约方提供相关非保密信息。

第 14.9 条　信息交换

一、一缔约方在不影响正在进行的调查，且符合有关法律法规的情况下，应另一缔约方请求，应尽力提供相关信息，以便于对方进行有效的竞争执法。

二、一缔约方对另一缔约方提供的秘密信息应当予以保密，不得将相关信息泄露给任何未经提供信息的缔约方认可的机构。

三、如果一缔约方请求另一缔约方提供有关特定商品、服务、市场的竞争法豁免和免责的公开信息，并提出证据表明，该豁免或免责可能会妨碍缔约双方间的贸易自由化，另一缔约方应当向其公开相关信息。

第 14.10 条　技术合作

缔约双方可以通过经验交流、以培训项目实现的能力建设、举办研讨会、科研合作等方式开展技术合作，以提高双方执行竞争政策和竞争法的能力。

第 14.11 条　竞争执法的独立性

本章不应干预缔约双方竞争执法的独立性。

第 14.12 条　争端解决

一、如果一缔约方认为，某一行为持续影响本章所指双边贸易，该方可以要求在联合委员会进行磋商，以促进该问题的解决。

二、对于本章下产生的任何事项，任何一缔约方不得诉诸本协定第二十章（争端解决）。

第 14.13 条　定义

就本章而言：

反竞争商业行为指对一缔约方境内市场竞争产生负面影响的商业行为或交易，例如：

（一）在缔约一方全境或大部分地区，试图造成或者实际具有排除、限制、扭曲竞争效果的企业协议、联合决定或协同行为；

（二）在一缔约方全境或大部分地区，一家或数家具有支配地位企业滥用支配地位的行为；或

（三）在一缔约方全境或大部分地区，显著妨碍有效竞争，特别是形成或加强市场支配地位的经营者集中。

竞争法：

（一）对中国而言，指《反垄断法》及其实施规定和修正案；及

（二）对韩国而言，指《垄断规制和公平交易法》，以及其实施规定和修正案。

消费者保护法：

（一）对中国而言，指《消费者保护法》及其实施规定和修正案。

（二）对韩国而言，指《消费者框架法》第三章、第四章第三节、第九章和第十章，及其实施规定和修正案。

经营者是指从事商品生产、经营和提供服务的自然人、法人和任何其他组织。

4.《中国-澳大利亚自由贸易协定》（2015 年 6 月 17 日签署，2015 年 12 月 20 日生效）

第十六章　一般条款与例外

第七条　竞争合作

一、双方认识到合作和协调对于促进竞争、提高经济效率、增加消费者福利和限制反竞争行为的重要性。

二、双方的竞争机构在实施竞争法律和政策时，应在符合各自保密要求的前提下开展适当的合作与协调，包括通过：

（一）信息交换；

（二）通报；

（三）在跨境执法事务中进行协调，就双方均进行审查的案件交换意见；以及

（四）技术合作。

三、本条第二款所指的合作可通过双方竞争机构之间新的

或现有的合作机制进行提升。

四、在不影响双方竞争机构独立性的前提下，双方同意在本条项下根据各自法律、法规和程序，利用其合理可用的资源开展合作。

我国自贸区相关文件中与"竞争中立"相关的表述

APPENDIX 4

公布时间	部门	文件	相关内容
			国务院及各部委文件
2013.9.27	国务院	《国务院关于印发中国（上海）自由贸易试验区总体方案的通知》	深化行政管理体制改革。提高行政透明度，完善体现投资者参与、符合国际规则的信息公开机制。完善投资者权益有效保障机制，实现各类投资主体的公平竞争，允许符合条件的外国投资者自由转移其投资收益。 营造相应的监管和税收制度环境。适应建立国际高水平投资和贸易服务体系的需要，创新监管模式，促进试验区内货物、服务等各类要素自由流动，推动服务业扩大开放和货物贸易深入发展，形成公开、透明的管理制度。同时，在维护现行税制公平、统一、规范的前提下，以培育功能为导向，完善相关政策。 创新监管服务模式。进一步强化监管协作。以切实维护国家安全和市场公平竞争为原则，加强各有关部门与上海市政府的协同，提高维护经济社会安全的服务保障能力。试验区配合国务院有关部门严格实施经营者集中反垄断审查。加强海关、质检、工商、税务、外汇等管理部门的协作。加快完善一体化监管方

公布时间	部门	文件	相关内容
			式,推进组建统一高效的口岸监管机构。探索试验区统一电子围网管理,建立风险可控的海关监管机制。
2015.4.20	国务院	《国务院关于印发进一步深化中国(上海)自由贸易试验区改革开放方案的通知》	完善负面清单管理模式。推动负面清单制度成为市场准入管理的主要方式,转变以行政审批为主的行政管理方式,制定发布政府权力清单和责任清单,进一步厘清政府和市场的关系。强化事中事后监管,推进监管标准规范制度建设,加快形成行政监管、行业自律、社会监督、公众参与的综合监管体系。推动公平竞争制度创新。严格环境保护执法,建立环境违法法人"黑名单"制度。加大宣传培训力度,引导自贸试验区内企业申请环境能源管理体系认证和推进自评价工作,建立长效跟踪评价机制。
2015.4.20	国务院	《国务院关于印发中国(天津)自由贸易试验区总体方案的通知》	全面贯彻落实党的十八大和十八届二中、三中、四中全会精神,按照党中央、国务院决策部署,紧紧围绕国家战略,以开放促改革、促发展、促转型,以制度创新为核心,发挥市场在资源配置中的决定性作用,探索转变政府职能新途径,探索扩大开放新模式,努力打造京津冀协同发展对外开放新引擎,着力营造国际化、市场化、法治化营商环境,为我国全面深化改革和扩大开放探索新途径、积累新经验,发挥示范带动、服务全国的积极作用。

公布时间	部门	文件	相关内容
2015.4.20	国务院	《国务院办公厅关于印发自由贸易试验区外商投资准入特别管理措施（负面清单）的通知》	负面清单列明了不符合国民待遇等原则的外商投资准入特别管理措施，适用于上海、广东、天津、福建四个自由贸易试验区（以下统称自贸试验区）。通过负面清单的模式，规定了外商投资的边界，有利于各自贸区积极管理自贸区经济贸易事项，进一步维护各市场主体在负面清单之外的各项投资行为，对于保障市场主体的公平竞争具有重要意义。
2015.8.25	商务部	《商务部关于支持自由贸易试验区创新发展的意见》	为落实党中央、国务院部署，积极推进自由贸易试验区建设，商务部从五个方面提出了相关意见，其主要核心的观点就是促进对外贸易转型升级、降低投资准入门槛、完善市场竞争环境。
2017.3.31	国务院	《国务院关于印发中国（陕西）自由贸易试验区总体方案的通知》	改革创新政府管理方式。按照法治化、国际化、便利化的要求，积极探索建立与国际高标准投资和贸易规则体系相适应的行政管理体系，推动政府管理由注重事前审批转为注重事中事后监管。配合商务部开展经营者集中反垄断审查。提升利用外资水平。对外商投资实行准入前国民待遇加负面清单管理制度，着力构建与负面清单管理方式相适应的事中事后监管制度。外商投资准入特别管理措施（负面清单）之外领域的外商投资项目（国务院规定对国内投资项目保留核准的除外）和外商投资企业设立及变更实行备案制，由自贸试验区负责办理。进一步减少或取消外商投资准入限制，提高开放度和透明度，做好对外开放的压力测试和风险测试。外商在自贸试验区

公布时间	部门	文件	相关内容
			内投资适用《自由贸易试验区外商投资准入特别管理措施（负面清单）》和《自由贸易试验区外商投资国家安全审查试行办法》。完善投资者权益保障机制，允许符合条件的境外投资者自由转移其投资收益。
2017.3.31	国务院	《国务院关于印发中国（湖北）自由贸易试验区总体方案的通知》	深化行政管理体制改革。按照打造法治化、国际化、便利化营商环境的要求，深入推进简政放权、放管结合、优化服务改革，加快推动政府管理模式创新。自贸试验区内工作部门依法公开管理权限和流程，建立各部门权力清单和责任清单制度，明确政府职能边界。探索实行市场准入负面清单制度。 强化事中事后监管。建立健全以信用监管为核心的事中事后监管体系。配合商务部开展经营者集中反垄断审查。 提升利用外资水平。对外商投资实行准入前国民待遇加负面清单管理制度，着力构建与负面清单管理方式相适应的事中事后监管制度。外商投资准入特别管理措施（负面清单）之外领域的外商投资项目（国务院规定对国内投资项目保留核准的除外）和外商投资企业设立及变更实行备案制，由自贸试验区负责办理。进一步减少或取消外商投资准入限制，提高开放度和透明度，做好对外开放的压力测试和风险测试。积极有效引进境外资金、先进技术和高端人才，提升利用外资综合质量。外商在自贸试验区内投资适用《自由贸易试验区外商投资准入特别管理措施（负面清单）》和《自由贸易试验区外商投资国家安全审查

附件 4　我国自贸区相关文件中与"竞争中立"相关的表述

公布时间	部门	文件	相关内容
			试行办法》。完善投资者权益保障机制，允许符合条件的境外投资者自由转移其投资收益。
2017.3.31	国务院	《国务院关于印发中国（辽宁）自由贸易试验区总体方案的通知》	深化行政管理体制改革。深入推进简政放权、放管结合、优化服务改革。辽宁省能够下放的经济社会管理权限，全部下放给自贸试验区。建立权责清单制度、行政审批管理目录制度。深化商事制度改革。配合商务部开展经营者集中反垄断审查。 打造更加公平便利的营商环境。开展知识产权综合管理改革试点 推进产业预警、信息公开、公平竞争、权益保障制度创新。建立健全国际仲裁、商事调解机制。 提升利用外资水平。对外商投资实行准入前国民待遇加负面清单管理制度，着力构建与负面清单管理方式相适应的事中事后监管制度。外商投资准入特别管理措施（负面清单）之外领域的外商投资项目（国务院规定对国内投资项目保留核准的除外）和外商投资企业设立及变更实行备案制，由自贸试验区负责办理。进一步减少或取消外商投资准入限制，提高开放度和透明度，做好对外开放的压力测试和风险测试。积极有效引进境外资金、先进技术和高端人才，提升利用外资综合质量。外商在自贸试验区内投资适用《自由贸易试验区外商投资准入特别管理措施（负面清单）》和《自由贸易试验区外商投资国家安全审查试行办法》。完善投资者权益保障机制，允许符合条件的境外投资者自由转移其投资收益。

公布时间	部门	文件	相关内容
			深化国资国企改革。完善国有企业治理模式和经营机制，实施分类监管和改革，探索健全以管资本为主的国有资产监管体系。稳妥推进自贸试验区内企业混合所有制改革，探索各种所有制资本优势互补、相互促进的体制机制。建立健全产权清晰、权责明确、政企分开、管理科学的现代企业制度。推进经营性国有资产集中统一监管，优化国有资本配置，放大国有资本功能，大力推进国有资产资本化。简化地方国有创投企业股权投资退出程序，地方国有创投企业使用国有资产评估报告实行事后备案。
2017.3.31	国务院	《国务院关于印发中国（浙江）自由贸易试验区总体方案的通知》	切实转变政府职能。深化行政体制改革。深入推进简政放权、放管结合、优化服务改革。建立权责明确、管理高效、运转协调的自贸试验区行政管理体制。深化完善自贸试验区行政管理权力清单、责任清单。深化行政审批制度改革，建立精简高效的统一行政审批机构，开展相对集中行政许可权改革，依法统一行使相关行政许可权。建立市场准入统一平台，依托电子口岸公共平台建设国际贸易"单一窗口"。深化商事制度改革，全面落实"多证合一、一照一码"等措施。深化完善陆上和海洋综合行政执法体系改革。
2017.3.31	国务院	《国务院关于印发全面深化中国（上海）自由	到2020年，率先建立同国际投资和贸易通行规则相衔接的制度体系，把自贸试验区建设成为投资贸易自由、规则开放透明、监管公平高效、营商环境便利的国际高标准自由贸易园区，健全各类市场

附件4 我国自贸区相关文件中与"竞争中立"相关的表述

公布时间	部门	文件	相关内容
		贸易试验区改革开放方案的通知》	主体平等准入和有序竞争的投资管理体系、促进贸易转型升级和通关便利的贸易监管服务体系、深化金融开放创新和有效防控风险的金融服务体系、符合市场经济规则和治理能力现代化要求的政府管理体系,率先形成法治化、国际化、便利化的营商环境和公平、统一、高效的市场环境。强化自贸试验区改革同上海市改革的联动,各项改革试点任务具备条件的在浦东新区范围内全面实施,或在上海市推广试验。 建立更加开放透明的市场准入管理模式。实施市场准入负面清单和外商投资负面清单制度。在完善市场准入负面清单的基础上,对各类市场主体实行一致管理的,进一步优化、简化办事环节和流程,对业务牌照和资质申请统一审核标准和时限,促进公平竞争。进一步提高外商投资负面清单的透明度和市场准入的可预期性。实施公平竞争审查制度,清理和取消资质资格获取、招投标、权益保护等方面存在的差别化待遇,实现各类市场主体依法平等准入清单之外的行业、领域和业务。
2018.4.11	中共中央/国务院	《中共中央国务院关于支持海南全面深化改革开放的指导意见》	深入推进经济体制改革。深化国有企业改革,推进集团层面混合所有制改革,健全公司法人治理结构,完善现代企业制度。完善各类国有资产管理体制,探索政府直接授权国有资本投资、运营公司,加快国有企业横向联合、纵向整合和专业化重组,推动国有资本做强做优做大。完善产权保护制度,加强政务诚信和营商环境建设,清理废除妨碍统一市

续表

公布时间	部门	文件	相关内容
			场和公平竞争的规定与做法，严厉打击不正当竞争行为，激发和保护企业家精神，支持民营企业发展，鼓励更多市场主体和社会主体投身创新创业。创新投融资方式，规范运用政府和社会资本合作（PPP）模式，引导社会资本参与基础设施和民生事业。支持海南以电力和天然气体制改革为重点，开展能源综合改革。理顺民用机场管理体制，先行先试通用航空分类管理改革。 高标准高质量建设自由贸易试验区。加快形成法治化、国际化、便利化的营商环境和公平统一高效的市场环境。更大力度转变政府职能，深化简政放权、放管结合、优化服务改革，全面提升政府治理能力。实行高水平的贸易和投资自由化便利化政策，对外资全面实行准入前国民待遇加负面清单管理制度，围绕种业、医疗、教育、体育、电信、互联网、文化、维修、金融、航运等重点领域，深化现代农业、高新技术产业、现代服务业对外开放，推动服务贸易加快发展，保护外商投资合法权益。推进航运逐步开放。
2018.5.24	国务院	《国务院关于印发进一步深化中国（天津）自由贸易试验区改革开放方案的通知》	建立更加开放透明的市场准入管理模式。进一步完善外商投资准入前国民待遇加负面清单管理制度，大幅度放宽市场准入，扩大服务业对外开放，提高自贸试验区外商投资负面清单开放度和透明度，着力构建与负面清单管理方式相适应的事中事后监管制度。除特殊领域外，取消对外商投资企业经营期限的特别管理要求。推动衔接准入后管理措施，实施公

附件 4　我国自贸区相关文件中与"竞争中立"相关的表述

公布时间	部门	文件	相关内容
			平竞争审查制度，清理和取消资质资格获取、招投标、权益保护等方面的差别化待遇，实现各类市场主体依法平等准入相关行业、领域和业务。
2018.6.30	发改委、商务部	《自由贸易试验区外商投资准入特别管理措施（负面清单）(2018年版)》	统一列出股权要求、高管要求等外商投资准入方面的特别管理措施，适用于自由贸易试验区。《自贸试验区负面清单》之外的领域，按照内外资一致原则实施管理。对部分领域列出了取消或放宽准入限制的过渡期，过渡期满后将按时取消或放宽其准入限制。
2018.10.16	国务院	《国务院关于印发中国（海南）自由贸易试验区总体方案的通知》	大幅放宽外资市场准入。对外资全面实行准入前国民待遇加负面清单管理制度。将增值电信业务外资准入审批权下放给海南省，取消国内多方通信服务业务、上网用户互联网接入服务业务、存储转发类业务外资股比限制，允许外商投资国内互联网虚拟专用网业务（外资股比不超过50%）。允许设立外商投资文艺表演团体（中方控股）。放宽人身险公司外资股比限制至51%。取消船舶（含分段）及干线、支线、通用飞机设计、制造与维修外资股比限制。取消石油天然气勘探开发须通过与中国政府批准的具有对外合作专营权的油气公司签署产品分成合同方式进行的要求。取消国际海上运输公司、国际船舶代理公司外资股比限制。允许在自贸试验区内设立的外商独资建筑业企业承揽区内建筑工程项目，不受项目双方投资比例限制。允许取得我国一级注册建筑师或一级注册结构工程师资格的境外专业人士作为合伙人，按

公布时间	部门	文件	相关内容
			相应资质标准要求设立建筑工程设计事务所。取消新能源汽车制造外资准入限制。打造国际一流营商环境。借鉴国际经验，开展营商环境评价，在开办企业、办理施工许可证、获得电力、登记财产、获得信贷、保护少数投资者、纳税、跨境贸易、执行合同和办理破产等方面加大改革力度。推动准入前和准入后管理措施的有效衔接，实施公平竞争审查制度，实现各类市场主体依法平等准入相关行业、领域和业务。加快推行"证照分离"改革，全面推进"多证合一"改革。简化外商投资企业设立程序，全面实行外商投资企业商务备案与工商登记"一口办理"。探索建立普通注销登记制度和简易注销登记制度相互配套的市场主体退出制度。
2018.11.15	国家市场监督管理总局、国家药品监督管理局、国家知识产权局	《关于支持中国（海南）自由贸易试验区建设的若干意见》	支持海南自贸试验区强化竞争政策实施，配合做好反垄断审查，探索建立维护海南自贸试验区公平竞争秩序的体制机制。支持海南自贸试验区全面实施反垄断审查、公平竞争审查，加快清理现行妨碍公平竞争的规定和做法，严厉打击不正当竞争行为，营造公平竞争的市场环境。
上海自贸区			
2013.9.29	上海市人民政府	《中国（上海）自由贸易试验区管理办法》	第11条（负面清单管理模式） 自贸试验区实行外商投资准入前国民待遇，实施外商投资准入特别管理措施（负面清单）管理模式。 对外商投资准入特别管理措施（负面清

公布时间	部门	文件	相关内容
			单)之外的领域,按照内外资一致的原则,将外商投资项目由核准制改为备案制,但国务院规定对国内投资项目保留核准的除外;将外商投资企业合同章程审批改为备案管理。 自贸试验区外商投资准入特别管理措施(负面清单),由市政府公布。外商投资项目和外商投资企业备案办法,由市政府制定。
2014.4.23	上海市第一中级人民法院	《上海市第一中级人民法院涉中国(上海)自由贸易试验区案件审判指引(试行)》	第41条第1款 依法规范自贸试验区的竞争秩序,培育公平公正、诚信守法的竞争文化,推进构建公平有序、充满活力的市场环境,有效制止各种不正当竞争行为。
2014.6.11	上海市高级人民法院	《上海法院服务保障中国(上海)自由贸易试验区建设的意见》	提出"更新司法理念,积极准确回应自贸试验区法治化、国际化营商环境的司法需求""深化司法改革,探索积累可复制、可推广的司法保障经验""充分发挥审判职能作用,为加快政府职能转变、促进自贸试验区贸易投资发展提供司法保障和服务"。在司法层面上,积极探索适应自贸区的司法制度,对维护自贸区商业环境公平竞争具有积极作用。

公布时间	部门	文件	相关内容
2014.7.25	上海市人大（含常委会）	《中国（上海）自由贸易试验区条例》	第 13 条规定"自贸试验区内国家规定对外商投资实施的准入特别管理措施，由市人民政府发布负面清单予以列明"。 第 37 条规定"对属于国家安全审查范围的外商投资，投资者应当申请进行国家安全审查"。 第 38 条明确对自贸试验区内相关垄断行为适用反垄断法一般执法机制。 第 47 条采用不完全列举的立法方式，除明确在税收、监管和政府采购方面享有公平待遇之外，还用"等"字确认公平竞争的制度安排是个开放的体系。
2014.9.15	上海市工商行政管理局	《中国（上海）自由贸易试验区反垄断协议、滥用市场支配地位和行政垄断执法工作办法》	第 2 条规定"自贸试验区内反垄断协议、滥用市场支配地位和行政垄断的执法工作，适用本办法"。这份文件的出台，有利于规范上海自贸区经济运行秩序，完善了事中事后市场监管制度，在一定程度上维护了市场的公平竞争。
2016.8.5	上海市人民政府	上海市人民政府办公厅关于印发《进一步深化中国（上海）自由贸易试验区和浦东新区事中	围绕营造法治化、国际化、便利化的营商环境和公平、统一、高效的市场环境，使市场在资源配置中起决定性作用和更好发挥政府作用，着力解决市场体系不完善、政府干预过多和监管不到位等问题，深入推进简政放权、放管结合、优化服务改革，努力做到放得更活、管得更好、服务更优。围绕构建权责明确、公平公正、透明高效、法治保障的事中事后监管体系，改革监管体制、创新监

附件4　我国自贸区相关文件中与"竞争中立"相关的表述

公布时间	部门	文件	相关内容
		事后监管体系建设总体方案》	管模式、强化监管手段，探索建立以综合监管为基础、以专业监管为支撑的监管体系，构建市场主体自律、业界自治、社会监督、政府监管互为支撑的监管格局，全面提升开放条件下的公共治理能力，切实提高事中事后监管的针对性、有效性，使市场和社会既充满活力又规范有序。
天津自贸区			
2014.9.29	天津市人民政府	《天津市人民政府关于加强市场监管体系建设的意见》	发挥市场在资源配置中的决定性作用，更好发挥政府作用，以政府职能转变和机构改革为突破口，依法推进市场治理体系和治理能力现代化，平等保护各类市场主体合法权益，维护市场公平竞争秩序，营造国际化、法治化市场化的营商环境，促进全市经济社会持续健康发展。
2015.2.3	天津市高级人民法院	《天津法院服务保障中国（天津）自由贸易试验区建设的意见》	提出"充分发挥人民法院的审判职能作用，积极服务天津自贸区各项改革与创新，切实保障天津自贸区国际化、市场化、法治化营商环境的构建"的目标。这对于保证统一市场，维护公平竞争具有重要意义。

续表

公布时间	部门	文件	相关内容
2015.6.19	天津市人民政府	《天津市人民政府关于印发天津市社会信用体系建设规划（2014-2020年）的通知》	防止不当行政干预和地方保护主义，切实减少行政手段对微观经济活动的不恰当干预，清理和废除妨碍统一市场和公平竞争的各种规定和做法，严禁滥用行政权力封锁市场，严禁对行政区域内社会主体失信行为进行包庇纵容，营造公平竞争、统一高效的市场环境。规范招商引资行为，严禁和惩处各类违法实行优惠政策行为，认真履行和兑现招商引资过程中依法作出的政策承诺和签订的各类合同，保持招商引资政策的稳定性。加大反垄断与反不正当竞争监督力度，严厉打击假冒伪劣、虚假宣传、商业欺诈等违法行为，依法公开失信企业黑名单。
2015.12.24	天津市人大（含常委会）	《中国（天津）自由贸易试验区条例》	第17条 自贸试验区对外商投资实行准入前国民待遇加负面清单管理模式。负面清单之外的领域，按照内外资一致的原则，对外商投资项目实行备案管理，但国务院规定对国内投资项目保留核准的除外。 第45条 自贸试验区内各类市场主体的平等地位和发展权利，受法律保护。区内各类市场主体在监管、税收和政府采购等方面享有公平待遇。 第52条 自贸试验区配合国家有关部门实施外商投资国家安全审查工作。自贸试验区各片区管理机构发现属于国家安全审查范围的外商投资，应当告知外商投资者向国家有关部门申请国家安全审查。 第53条 自贸试验区实施反垄断工作机

附件4 我国自贸区相关文件中与"竞争中立"相关的表述

续表

公布时间	部门	文件	相关内容
			制。自贸试验区经营者集中达到国家规定的反垄断申报标准的，经营者应当事先向国家有关部门申请经营者集中反垄断审查。对垄断协议、滥用市场支配地位以及滥用行政权力排除、限制竞争等行为，相关执法机构应当依法开展调查。
2016.4.21	天津市人民政府	《天津市人民政府办公厅关于加快落实国家自由贸易区战略的实施意见》	按照公平竞争原则，积极发展跨境电子商务，并完善与之相适应的海关监管、检验检疫、退税、跨境支付、物流等支撑系统。
广东自贸区			
2015.6.3	广东省高级人民法院	《广东省高级人民法院印发〈广东省高级人民法院关于充分发挥审判职能为中国(广东)自由贸易试验区建设提供司法保障的意见〉的通知》	依法妥善审理涉自贸区建设的各类案件，优化自贸区法治环境。最大限度地尊重合同当事人的意思自治，促进实现各类市场主体公平竞争，维护投资者和服务提供者的信心，营造公正高效、公开透明、可预期的法治环境。提升知识产权保护的司法力度，加大侵权违法成本，鼓励自主创新。

续表

公布时间	部门	文件	相关内容
2015.6.25	广州市南沙区人民法院	《广州市南沙区人民法院关于服务保障中国（广东）自由贸易试验区广州南沙新区片区建设的意见（试行）》	切实履行审判职能，积极回应自贸区国际化、市场化、法治化营商环境的司法需求。优化自贸区法治环境，促进公平自由竞争。公正高效审理各类涉自贸区案件，平等保护国内外市场主体的合法权益。对中外企业之间、自贸区企业与非自贸区企业之间、内资企业与港澳企业之间一律平等适用法律，促进市场主体的公平、自由竞争，建设国际化、市场化、法治化营商环境，维护自贸区的良好信誉。
2015.7.8	广东省工商行政管理局	《广东省工商行政管理局关于印发贯彻落实〈工商总局关于支持中国（广东）自由贸易试验区建设的若干意见〉的实施意见的通知》	维护广东自贸试验区公平竞争的市场环境。支持指导广东自贸试验区工商和市场监管部门进一步强化公平竞争执法，严肃查处广东自贸试验区内侵犯企业合法权益的不正当竞争案件。完善工商和市场监管部门与相关部门监管执法协作机制，努力为企业营造公平竞争的市场环境。
2016.4.7	广东省商务厅	《广东省商务厅关于印发支持广东自贸试验区创新发展实施意见	实施外商投资准入前国民待遇加负面清单管理模式。支持自贸试验区对外商投资实施准入前国民待遇加负面清单管理，探索全面实施负面清单管理模式。创新事中事后监管机制。支持自贸试验区开展外商投资企业联合年报工作，实施外商投资信息报告制度，依托外商投资

公布时间	部门	文件	相关内容
		的通知》	信息公示平台和企业信用信息公示系统，强化外商投资企业日常经营信息管理。探索构建各政府部门信息共享、协同监管、社会公众参与监督的外商投资全程监管体系。探索对外商投资企业实施监督检查、诚信档案建设、经营信息报告、经营者集中申报等监管措施。
2016.5.25	广东省人大（含常委会）	《中国（广东）自由贸易试验区条例》	第 4 条第 1 款 鼓励自贸试验区先行先试，探索制度创新。对法律、法规和国家政策未明确禁止或者限制的事项，鼓励公民、法人和其他组织在自贸试验区开展创新活动。 第 21 条第 1 款 自贸试验区对外商投资实行准入前国民待遇加负面清单管理模式。负面清单外的领域，对外商投资项目实行备案制。
2017.9.12	广东省自贸办	《广东省自贸办关于印发〈进一步加强中国（广东）自由贸易试验区事中事后监管体系建设总体方案〉的通知》	根据法律法规和规章的规定，厘清政府部门市场监管职责。法律法规已明确市场监管部门和监管职责的，严格依法执行；不涉及行政许可且无行业主管部门的，由广东自贸试验区各片区所在市人民政府指定市场监管部门实施监管；涉及多个部门且监管职责分工不明确的，由各片区所在市人民政府指定市场监管部门实施监管。市场主体依法应当取得而未取得行政许可，擅自从事与许可事项相关的生产经营活动的，由行政许可实施部门会同各片区综合执法机构予以查处。市场主体依法应当取得而未取得营业执照，擅自从事生产经营活动的，由工商行政管理部门会同各片区综合执法机构予以查处。

公布时间	部门	文件	相关内容
2018.7.29	广东省人民政府	《广东省人民政府关于印发进一步深化中国（广东）自由贸易试验区改革开放分工方案的通知》	建立更加开放透明的市场准入管理模式。进一步完善外商投资准入前国民待遇加负面清单管理制度，大幅度放宽市场准入，扩大服务业对外开放，提高自贸试验区外商投资负面清单开放度和透明度，着力构建与负面清单管理方式相适应的事中事后监管制度。除特殊领域外，取消对外商投资企业经营期限的特别管理要求。对于符合条件的外资创业投资企业和股权投资企业开展境内投资项目，探索实施管理新模式。清理和取消资质资格获取、招投标、权益保护等方面的差别化待遇，实现各类市场主体依法平等准入相关行业、领域和业务。
		福建自贸区	
2015.4.2	福建省工商行政管理局	《福建省工商局关于印发促进中国（福建）自由贸易试验区市场公平竞争工作暂行办法的通知》	将规范监管的范围扩大至整个公平竞争领域，确定竞争政策的效力范围从传统的货物贸易延展到服务贸易和与贸易有关的知识产权市场等各个领域，依法规制不公平竞争，推进自贸试验区市场监管制度创新，构建自贸试验区事中事后监管体系，全力服务福建自贸试验区健康发展。
2015.4.20	福建省人民政府	《中国（福建）自由贸易试验区管理办法》	第10条第1款 自贸试验区实行外商投资准入前国民待遇加负面清单管理模式。负面清单之外的领域，按照内外资一致的原则，外商投资项目实行备案制，但国务院规定对国内投资项目保留核准的除外；外商投资企业设立、变更及合同

附件4 我国自贸区相关文件中与"竞争中立"相关的表述

公布时间	部门	文件	相关内容
			章程审批实行备案管理。 第39条 税务部门应当在自贸试验区开展税收征管现代化试点,营造公平竞争的税收环境。自贸试验区采取更加灵活的税收征管方式,利用信息共享平台,加强税收风险管理,提高税收征管水平。 第42条第1款 自贸试验区建立涉及外资的国家安全审查工作机制。对属于国家安全审查范围的外商投资,投资者应当申请进行国家安全审查;有关部门、行业协会、同业企业以及上下游企业可以提出国家安全审查建议。 第43条 自贸试验区建立反垄断工作机制。 涉及自贸试验区内企业的经营者集中、达到国家规定的申报标准的,经营者应当事先申报,未申报的不得实施集中。对垄断协议、滥用市场支配地位以及滥用行政权力排除、限制竞争等行为,依法开展调查和执法工作。
2015.7.15	福建省高级人民法院	《福建省高级人民法院关于印发〈福建法院服务保障中国(福建)自由贸易试验区建设的意见〉的通知》	强化法治思维。秉持公正高效、平等保护、公开透明的原则,准确适用法律和相关国际条约,依法平等保护中外当事人合法权益,营造公平竞争的市场环境。 遵循市场规则。按照建立公平开放透明的市场规则的要求,强化规则意识,倡导契约精神,依法规范市场行为,保障公平竞争,促进诚信经营,维护市场秩序。 依法保障和推进投资管理体制改革。准确把握因自贸试验区建立而调整投资领域有关法律法规的内容,及时调整投资行为的效力认定等有关裁判尺度,促进

公布时间	部门	文件	相关内容
			投资领域的扩大开放、新型业态和比较优势行业的发展。完善投资者权益有效保障机制，依法审理股东出资、股权转让等与企业、公司有关的纠纷，妥善审理好自贸试验区内公司解散、清算、破产等案件，依法保护各类投资者权益，营造公平竞争的投资市场环境。
2015.10.28	福建省住房和城乡建设厅	《关于促进福建自贸试验区建筑专业服务发展的通知》	进一步加大建筑施工政策扶持力度。鼓励台湾建筑专业人士在自贸区内设立建筑业企业，在福建自贸试验区内和其他地区设立的台资建筑业企业，可以纳入建筑业企业信用综合评价，给予台湾企业公平竞争环境。房屋建筑和市政工程招标投标，不得排斥在自贸试验区内设立的台资建筑业企业。
2016.4.1	福建省人大（含常委会）	《中国（福建）自由贸易试验区条例》	第17条 自贸试验区外商投资实行准入前国民待遇加负面清单的管理模式。负面清单之外的领域，按照内外资一致的原则，外商投资项目实行备案制，但国务院规定对国内投资项目保留核准的除外。负面清单之内的领域，按照特别管理措施的要求实行准入管理。外商投资企业的设立和变更实行备案管理。 第50条 自贸试验区应当配合国家有关部门实施外商投资国家安全审查。 第51条 自贸试验区建立反垄断工作机制。对涉及区内企业的垄断行为，依法开展调查和执法。 第60条 自贸试验区内各类市场主体的平等地位和发展权利受法律保护，在监管、税收和政府采购等方面享有公平待遇。

附件 4　我国自贸区相关文件中与"竞争中立"相关的表述

公布时间	部门	文件	相关内容
2018.6.29	福州市人民政府	《福州市人民政府印发关于贯彻〈进一步深化中国（福建）自由贸易试验区改革开放方案〉的实施方案的通知》	进一步放宽投资准入。①进一步完善外商投资准入前国民待遇加负面清单管理制度，大幅度放宽市场准入，扩大服务业对外开放，提高自贸试验区外商投资负面清单的开放度和透明度。②清理和取消质资格获取、招投标、权益保护等方面存在的差别化待遇，实现各类市场主体依法平等准入相关行业、领域和业务。 打造国际化营商环境。①参照国际通行营商环境评价标准，从企业开办、施工许可、产权登记、信贷获取、投资者保护、纳税、破产清算等方面梳理和对标，查找薄弱环节，加大改革力度，着力构建稳定、公平、透明、可预期的一流营商环境，推动自贸试验区营商环境建设继续走在全省前列。②健全商事法律综合服务平台，加强仲裁、调解等服务。③探索知识产权综合管理改革，完善有利于激励创新的知识产权归属制度，健全知识产权保护和运用体系。④优化电力供应服务，简化电力报装流程，压缩电力报装施工时间，降低用电成本。
		浙江自贸区	
2017.5.19	中国（浙江）自由贸易试验区管理委员会	《中国（浙江）自由贸易试验区管理委员会关于印发〈中国（浙	推动投资便利化。对外商投资实行准入前国民待遇加负面清单管理制度，构建与负面清单管理方式相适应的事中事后监管制度。外商投资准入特别管理措施（负面清单）之外领域的外商投资项目（国务院规定对国内投资项目保留核准的

— 251 —

公布时间	部门	文件	相关内容
		江）自由贸易试验区扩大对外开放积极利用外资暂行办法》的通知》	除外）和外商投资企业设立及变更实行备案制。
2017.8.7	浙江省人民政府	《浙江省人民政府关于印发中国（浙江）自由贸易试验区建设实施方案的通知》	深化行政审批制度改革。按照权责一致原则，在自贸试验区推行权责清单，明确政府职能边界，提升政府运行效能。建立统一开放的市场准入制度。对外商投资实行准入前国民待遇加负面清单管理制度，建立与负面清单管理方式相适应的事中事后监管制度。对外商投资准入特别管理措施（负面清单）之外领域的外商投资项目（国务院规定对国内投资项目保留核准的除外）以及外商投资企业设立、变更实行备案制，由自贸试验区负责办理，同步实施内资投资项目负面清单。依法须经批准的外商投资项目，经相关部门批准后方可实施。进一步减少外商投资准入限制，积极引进境外资金、先进技术和高端人才，提高利用外资的质量和水平。
2017.12.27	浙江省人大（含常委会）	《中国（浙江）自由贸易试验区条例》	第12条 自贸试验区对外商投资实行准入前国民待遇加负面清单管理制度。对外商投资，一般实行与内资相同的准入管理措施；外商投资准入的特别管理措施，按照国务院发布或者批准发布的负面清单执行。负面清单之外的领域，按照内外资一致

附件 4　我国自贸区相关文件中与"竞争中立"相关的表述

公布时间	部门	文件	相关内容
			的原则，外商投资项目实行备案制，国务院规定对国内投资项目保留核准的除外；外商投资企业设立和变更实行备案管理。 负面清单之内的领域，外商投资项目实行核准制，负面清单明确禁止外商投资或者国务院规定对外商投资项目实行备案的除外；外商投资企业设立和变更实行审批管理。
四川自贸区			
2017.8.6	四川省人民政府	《中国(四川)自由贸易试验区管理办法》	第 14 条　自贸试验区对外商投资实行准入前国民待遇加负面清单管理制度，外商在自贸试验区内投资适用负面清单管理模式。对于负面清单之外领域的外商投资项目（国务院规定对国内投资项目保留核准的除外）和外商投资企业的设立、变更实行备案制，由自贸试验区负责办理。 第 15 条　自贸试验区应当建立外商投资信息报告制度和外商投资信息公示平台。完善投资者权益保障机制，允许符合条件的境外投资者自由转移其合法投资收益。 第 16 条　自贸试验区内企业到境外投资开办企业，对一般性境外投资项目和设立企业实行备案制。自贸试验区建立境外投资合作综合服务平台，完善境外资产和人员安全风险预警和应急保障体系。 第 50 条　自贸试验区创新行政管理方式，加快推进简政放权、放管结合、优化服务改革，实施"清单制＋责任制"管理，推动形成企业自治、行业自律、政府监管、社会监督的综合监管体系。

续表

公布时间	部门	文件	相关内容
2017.11.21	四川省人民政府	《四川省人民政府关于印发中国（四川）自由贸易试验区建设实施方案的通知》	在自贸试验区各片区推行权责清单制度，明确政府职能边界，并向社会公开。深化政府机构改革，探索设立法定机构，推进相关政府机构从直接提供公共服务转变为通过合同管理交由第三方机构提供。编制向社会组织转移职能目录，将由政府部门承担的资产评估、鉴定、认证、检验检测等逐步交由专业服务机构承担。
		重庆自贸区	
2018.9.17	重庆市人民政府	《中国（重庆）自由贸易试验区管理试行办法》	第6条第1款　重庆自贸试验区深化各领域改革开放试点，加大压力测试，加强监管，防控风险。 第12条　重庆自贸试验区对外商投资实行准入前国民待遇加负面清单管理制度，负面清单之外的领域，按照内外资一致的原则，对外商投资项目实行备案管理，但国务院规定对国内投资项目保留核准的除外。 第13条　重庆自贸试验区实行"多证合一、一照一码"商事登记制度，简化企业设立登记程序，推行企业名称自主申报、注册登记全程电子化和市场主体简易注销制度，试行企业住所（经营场所）登记申报承诺制度，营造宽松便捷的市场准入、退出环境。 第37条　重庆自贸试验区应当深化简政放权、放管结合、优化服务改革，提高行政效能，优化营商环境，加大制度创新和政府职能转变力度，对新技术、新产业、新模式、新产品、新业态推行包容审慎的监管制度，降低制度性交易成本。

附件4　我国自贸区相关文件中与"竞争中立"相关的表述

续表

公布时间	部门	文件	相关内容
			第42条　重庆自贸试验区应当营造依法保护企业家合法权益的法治环境、促进企业家公平竞争诚信经营的市场环境、尊重和激励企业家干事创业的社会氛围，调动企业家积极性、主动性、创造性，发挥企业家作用，弘扬企业家精神。
2017.5.22	重庆市银监局	《关于积极做好中国（重庆）自由贸易试验区银行业金融服务的指导意见》	要进一步进行市场准入管理和创新业务监管的改革。重庆银监局（现为银保监局）表示，推进市场准入管理改革，简化、减少事前审批，将自贸试验区内银行分行级以下（不含分行）的机构和高管准入事项由事前审批改为事后报告，建立"自贸试验区银行业机构市场准入报告事项清单"，提升监管服务便利化水平。
2018.6.27	重庆市司法局	《关于为中国（重庆）自由贸易试验区建设提供优质高效法律服务的意见》	健全完善两江片区公共法律服务平台体系建设，推动实行"1+1+1+N"服务模式，即构建公共法律服务实体平台、12348热线平台、网络平台为主体框架，统筹律师、公证、基层法律服务、法律援助、法治宣传、人民调解、司法鉴定等资源，以及司法所、调解组织、法律服务机构、法律援助站点等平台，为重庆自贸试验区内市民及企业提供及时、准确、普惠的法律服务。跟进公证法律服务工作，积极协调相关部门，在重庆自贸试验区设立公证机构办证点，提供网络在线申办、公证书邮寄、外事认证代办等综合性、一站式公证服务。

公布时间	部门	文件	相关内容
		河南自贸区	
2017.3.29	河南省人民政府	《中国(河南)自由贸易试验区管理试行办法》	第14条 自贸试验区对外商投资实行准入前国民待遇加负面清单管理模式。在负面清单之外领域，外商投资项目（国务院规定对国内投资项目保留核准的除外）和外商投资企业设立及变更实行事后备案管理。 第15条 外商在自贸试验区内投资适用《自由贸易试验区外商投资准入特别管理措施（负面清单）》和《自由贸易试验区外商投资国家安全审查试行办法》。 第16条 自贸试验区减少或者取消外商投资准入限制，鼓励引进境外资金、先进技术和高端人才，吸引国际组织和机构、金融总部、区域性总部入驻。 第49条 自贸试验区加快推进简政放权、放管结合、优化服务改革，减少行政审批事项，缩小投资项目审批、审核的范围，减少对各类机构及其活动的认定。 第50条 自贸试验区实行权力清单和责任清单管理模式，建立健全权责清单动态管理机制。
2018.4.16	郑州市人民政府办公厅	《郑州市人民政府办公厅关于印发中国（河南）自由贸易试验区郑州片区事中事后监管体系建设总体方	引导市场主体自我约束、自我净化，形成诚信经营的良好氛围。引入第三方法定的中介机构对市场主体的经营行为、经营过程、信用度等进行科学、客观的评价，利用互联网平台企业为交易当事人提供公平、公正、透明的信用评价服务，客观记录并公开交易与消费评价信息，促进市场参与各方加强自我约束。发挥第三方专业机构监督作用。通过政府购买服务等方式，支持行业协会、商会开展行业信用评价工作，建立健全企

公布时间	部门	文件	相关内容
		案(试行)的通知》	业信用档案,完善行业信用体系。完善政府向社会力量购买服务机制,推动社会组织多渠道参与市场监督。推动政府部门信用数据向社会开放,培育发展社会信用评价机构,鼓励开展信用评级和第三方评估。扩大采信第三方检验检测认证结果,加强对第三方检验检测认证机构的监督管理。
		陕西自贸区	
2017.12.14	陕西省人民政府	《中国(陕西)自由贸易试验区管理办法》	第13条 自贸试验区对外商投资实行准入前国民待遇加负面清单管理制度。《自由贸易试验区外商投资准入特别管理措施(负面清单)》之外的外商投资项目(国务院规定对国内投资项目保留核准的除外)和外商投资企业设立及变更实行备案制,由自贸试验区管理机构负责办理。
2017.12.29	陕西省发展和改革委员会	《陕西省发展和改革委员会关于印发〈进一步支持中国(陕西)自由贸易试验区建设的若干意见〉的通知》	最大限度减少投资项目审批事项,依法依规向自由贸易试验区下放投资项目审批权限。对外商投资准入负面清单之外的外商投资项目按照内外资一致的原则管理,其中属于备案管理的项目,由自由贸易试验区负责办理。支持自由贸易试验区建立以信用为核心的事中事后监管机制,引导行业主管部门推行事中信用分类监管、事后信用联合奖惩制度,优化自由贸易试验区营商环境。引导各类信用服务机构在自由贸易试验区集聚发展。鼓励各类市场化信用服务机构创新信用服务模式和信用产品,鼓励政府、企业和个人使用信用产品和服务。

续表

公布时间	部门	文件	相关内容
2018.6.20	陕西省商务厅	《陕西省商务厅关于支持中国（陕西）自由贸易试验区进一步创新发展的实施意见》	按照国家统一部署，取消或放宽交通运输、商贸物流、专业服务，以及种业等农业，煤炭、非金属矿等采矿业，汽车、船舶、飞机等制造业领域外资准入限制。落实自由贸易试验区外商投资准入特别管理措施（负面清单）；推行负面清单以外领域外商投资企业商务备案与工商登记"一口办理"；支持自贸试验区开
			展外商投资事中事后监管工作，赋予各功能区外商投资企业联合年报审核权。配合相关部门支持自贸试验区在适合领域逐步取消或放宽对跨境交付、自然人移动等模式的服务贸易限制措施，有序推进开放进程，探索建立服务领域开放风险预警机制。
湖北自贸区			
2017.4.1	湖北省商务厅	《省商务厅关于支持中国(湖北)自由贸易试验区创新发展的意见》	实施外商投资准入前国民待遇加负面清单管理模式。支持湖北自贸区对外商投资实施准入前国民待遇加负面清单管理，探索全面实施负面清单管理模式。
2017.4.18	湖北省人民政府	《中国(湖北)自由贸易试验区建设管理办法》	第7条　自贸试验区对外商投资实行准入前国民待遇加负面清单管理制度，外商在自贸试验区内投资适用负面清单管理模式。对于负面清单之外领域的外商投资项目（国务院规定对国内投资项目保留核准的除外）和外商投资企业的设立、变更实行备案制，由自贸试验区各片区管理委员会负责办理。

附件4　我国自贸区相关文件中与"竞争中立"相关的表述

公布时间	部门	文件	相关内容
2017.4.25	湖北省工商局	《省工商局关于服务中国（湖北）自由贸易试验区建设的意见》	推行市场准入负面清单制度。在湖北自贸区各片区探索建立行业领域市场准入负面清单，凡是法律法规和自贸区产业政策未明确禁入的行业和领域，都允许市场主体进入；凡是已向外资开放的领域，都向国内民间资本放开。对负面清单以外的行业领域实行"非禁即允"、放开登记。对外商投资企业实行准入前国民待遇加负面清单的管理模式。 维护市场公平竞争秩序。倡导竞争文化，开展公平竞争审查，加强湖北自贸区反垄断、反不正当竞争执法和知识产权保护，依法制止和查处垄断、限制竞争、侵害商业秘密、商标侵权、制售假冒伪劣等违法行为，保障市场公平竞争。
		辽宁自贸区	
2017.8.29	沈阳市人民政府	《沈阳市人民政府关于印发〈中国（辽宁）自由贸易试验区沈阳片区实施方案〉的通知》	建立公平竞争审查机制。对行政机关制定的市场准入、产业发展、招商引资、招标投标、政府采购、经营行为规范、资质标准等涉及市场主体经济活动的地方性法规草案、规章、规范性文件和其他政策措施，进行公平竞争审查，探索制定以对市场准入及退出限制、生产经营成本影响、资质限制、品质限制、消费者自由选择权限制为核查内容的"竞争核对清单"，保障自贸试验区内各类市场主体平等使用生产要素、公平参与市场竞争、同等受到法律保护。 改革外商投资管理模式。对外商投资实行"准入前国民待遇+负面清单"管理模式，对负面清单之外的外商投资项目

续表

公布时间	部门	文件	相关内容
			(国务院规定对国内投资项目保留核准的除外) 及外商投资企业设立、变更实行备案制，由自贸试验区管委会负责办理。完善投资者权益保障制度，允许符合条件的外国投资者自由转移其投资收益。探索外商投资实际控制人管理模式。优化董事会建设试点。在自贸试验区内分类规范国有企业董事会建设，竞争类企业以市场导向原则规范设立董事会，支持自贸试验区内国有企业逐步增大外部董事比例，功能类和公益类企业以精干高效原则规范董事会建设。出台国有企业董事会及董事考核评估办法，建立健全考核和激励机制，确保董事会依法行使职权，切实履行股东赋予职责。大力推进国有资产资本化。利用国内外多层次资本市场，推进一批成长性好、发展潜力大的国有企业整体上市、核心业务资产上市或引进战略投资者，成为公众公司。支持国有控股上市公司再融资。以市场化、法治化方式开展债转股，鼓励金融资产管理公司、保险资产管理机构、国有资本投资运营公司等多种类型机构，面向发展前景良好但遇到暂时困难的自贸试验区内优质国有企业开展市场化债转股，解决厂办大集体、壳企业等历史遗留问题。建立公开透明规范的国有资产流动平台。推动国有控股上市公司、非上市公司开放性市场化重组整合。鼓励在自贸试验区内创建国有资本投资运营公司，加强工作前瞻性研究，制定平台公司中长期滚动计划。

附件 4　我国自贸区相关文件中与"竞争中立"相关的表述

续表

公布时间	部门	文件	相关内容
			开展自贸试验区内国有企业职业经理人试点。推进市场化导向的选人用人和管理机制，在自贸试验区内设立的市场化程度较高的国有企业，探索开展职业经理人试点。建立健全企业内部选拔和外部引进相结合的选任机制，支持现有经营管理者身份转换为职业经理人，有序推进国有企业新增经营管理者市场化选聘工作。探索海外高端人才在国有企业内担任相关高级技术和管理职务办法。 规范国有企业激励制度。支持自贸试验区内国有企业对市场化选聘的企业领导人员实行期股期权、岗位增量分红权等中长期激励方式；对经营管理和业务骨干团队，符合条件的竞争类企业可将一定比例的新增净利润给予奖励；人力资本密集的高新技术和创新型企业，可实施科技成果入股、专利奖励等激励方案。允许国有企业在自贸试验区内试点开展虚拟股权激励制度。（责任单位：市国资委） 增强国有企业市场信息公开度。探索对自贸试验区内国有企业重大信息披露制度，试行对部分国有企业开展年报公示制度。对于国有企业承担的公益性和经营性项目，进行分类管理和及时披露。
2017.11.25	大连市人民政府	《中国（辽宁）自由贸易试验区大连片区管理办法》	第4条　自贸试验区鼓励先行先试，探索制度创新。对法律、法规和国家政策未明确禁止或者限制的事项，鼓励公民、法人和其他组织在自贸试验区开展创新活动。

续表

公布时间	部门	文件	相关内容
			建立健全容错机制，建立以支持改革创新为导向的考核评价体系，激发创新活力。 第10条　自贸试验区对外商投资实行准入前国民待遇加负面清单管理模式。在负面清单之外领域，外商投资项目（国务院规定对国内投资项目保留核准的除外）和外商投资企业设立及变更实行事后备案管理。 外商在自贸试验区内投资适用《自由贸易试验区外商投资准入特别管理措施（负面清单）》和《自由贸易试验区外商投资国家安全审查试行办法》。 第26条　自贸试验区应当完善国有企业治理模式和经营机制，健全以管资本为主的国有资产监管体系，稳妥推进区内企业混合所有制改革、经营性国有资产集中统一监管和国有资产资本化。 第34条　除法律、法规规定外，任何单位不得擅自对自贸试验区内企业开展检查和设置评比。 除国家及省设立和征收的行政事业性收费项目外，自贸试验区内的行政事业性收费一律取消。
2018.7.25	辽宁省人大（含常委会）	《中国（辽宁）自由贸易试验区条例》	第14条　自贸试验区实行外商投资准入前国民待遇加负面清单管理制度。除国务院规定对国内投资项目保留核准外，负面清单之外的外商投资项目和外商投资企业的设立、变更实行备案制，由片区管理机构负责办理。 第16条　自贸试验区应当优化创新创业制度环境，激发创新创业活力；建立健

续表

公布时间	部门	文件	相关内容
			全投资者权益保障机制，法律法规未禁止的，投资主体可以在自贸试验区内创新开展各种投资活动。 第 49 条　自贸试验区应当坚持运用法治方式在行政体制、管理机制、投资、贸易、金融等各领域推动改革创新。依法保护区内各类市场主体平等地位和各项权利，保障其在区内监管、税收和政府采购等方面依法享有公平待遇。

图书在版编目（ＣＩＰ）数据

　　竞争中立规则研究：国际比较与中国选择/应品广著. —北京：中国政法大学出版社，2020.10
　　ISBN 978-7-5620-9164-6

　　Ⅰ.①竞… Ⅱ.①应… Ⅲ.①市场竞争－经济法－研究－中国
Ⅳ.①D922.294.4

　　中国版本图书馆 CIP 数据核字(2019)第 181032 号

出　版　者　　中国政法大学出版社

地　　　址　　北京市海淀区西土城路 25 号

邮寄地址　　北京 100088 信箱 8034 分箱　邮编 100088

网　　　址　　http://www.cuplpress.com (网络实名：中国政法大学出版社)

电　　　话　　010-58908285(总编室) 58908433 （编辑部） 58908334(邮购部)

承　　印　　固安华明印业有限公司

开　　本　　880mm×1230mm　1/32

印　　张　　8.75

字　　数　　204 千字

版　　次　　2020 年 10 月第 1 版

印　　次　　2020 年 10 月第 1 次印刷

定　　价　　38.00 元